Penser l’humain

Thierry Magnin

Penser l'humain

au temps de l'homme augmenté

Albin Michel

À mes neveux Arnaud et Ludovic

Ô homme, ce n'est pas toi qui fais Dieu, c'est Dieu qui te fait. Si donc tu es l'ouvrage de Dieu, attends patiemment la main de ton Artiste, qui fait toute chose quand il convient.
Présente lui un cœur souple et docile, conserve l'empreinte que t'a donnée l'Artiste, garde en toi l'Eau qui vient de lui, sans laquelle tu durcirais et perdrais la trace de ses doigts.
En gardant le modelé, tu monteras vers la perfection, car l'art de Dieu voilera en toi ce qui n'est que glaise.
Ses mains ont façonné en toi ta substance ; elles te revêtiront d'or et d'argent, au-dedans et au-dehors, et ainsi paré, le Roi lui-même sera épris de ta beauté.

Saint Irénée de Lyon,
Adversus Haereses, IV, 39, 2

Avant-propos

Ce livre est le fruit de nombreuses rencontres tout au long du parcours que j'ai eu la chance de vivre, comme enseignant-chercheur (quarante ans de vie universitaire en 2016, dont vingt à l'École nationale supérieure des mines de Saint-Étienne) et comme prêtre (trente et un ans de sacerdoce en 2016). À travers les domaines de la physique de la matière, de la théologie de la création, de l'éthique des sciences et technologies et de la vie pastorale ordinaire, si importante dans ma vie d'homme et de prêtre, ces personnes rencontrées m'ont appris à découvrir quelque chose de l'Essentiel et à le partager, à chercher et à enseigner, à aimer et à lutter, à imaginer et à servir, jusque dans la mission de recteur d'une université catholique aujourd'hui.

Je voudrais rendre hommage ici à ces femmes et à ces hommes rencontrés, qui m'ont appris mon métier de chercheur, en sciences et dans la vie spirituelle, mais aussi mon « métier d'homme », ces personnes qui m'ont appelé à la liberté et à la fraternité par leur propre rayonnement, qui ont su poser un regard bienveillant et exigeant sur mes recherches et qui sont comme des phares qui balisent une route vers l'avenir. Parmi ces nombreuses personnes, je ne citerai ici que deux exemples signifiants : celui d'un scientifique chrétien et celui d'équipes médicales où croyants et non-croyants cherchent ensemble à prendre soin de la vie jusqu'au bout.

Je pense ainsi au professeur Jean Ladrière, de Louvain-la-Neuve, qui a su me guider sur les chemins escarpés et passionnants des relations entre sciences, philosophie et théologie. Chez lui, l'alliance de grandes compétences scientifiques, philosophiques et théologiques avec une bonté et une humilité rayonnantes ont permis à beaucoup d'étudiants comme moi d'ouvrir des chemins de recherche jugés périlleux à l'époque. Je pense d'autre part au personnel des soins palliatifs de Saint-Étienne et de Toulouse qui m'ont appelé à travailler avec eux sur les interactions psychologie-spiritualité pour le service de l'accompagnement des personnes en fin de vie. Elles m'ont appris quelque chose d'essentiel de la vie et je garde un souvenir vivifiant de leur sens de l'autre et de la dignité inaliénable de tout être humain, même affaibli voire défiguré. Ces deux exemples se rejoignent dans mon propre chemin, même s'ils viennent de situations en apparence sans lien direct.

Je remercie chaleureusement les scientifiques de l'INRA qui m'ont invité, avec mes collaborateurs des équipes d'éthique des sciences et technologies de l'Institut catholique de Toulouse puis de l'Université catholique de Lyon, à devenir un « philosophe embarqué » dans l'aventure de l'éthique au sein de deux consortiums de recherche en biotechnologies (dans le cadre des programmes ANR-Investissements d'avenir). Le premier, Toulouse White Biotechnology, dirigé par le professeur Pierre Monsan, et le second, Metagenopolis, dirigé par Dusko Ehrlich et Florence Haimet, sont deux lieux privilégiés pour aborder le sujet de ce livre. Que les amis de l'Académie des technologies soient aussi remerciés pour leurs partages pertinents, ainsi que mes collaborateurs directs dans les équipes de recherche.

Ce livre porte sur l'humain, homme et femme, au temps où certains pensent qu'on peut non seulement le réparer mais aussi l'augmenter grâce aux nouvelles technosciences qui ne cessent de se développer et qui ont un fort impact sur notre rapport au vivant et à la vie. Il fait suite à un ouvrage portant sur l'éthique des nouvelles biotechnologies, publié en 2013. Il aborde davantage l'impact des technosciences sur le sens de l'homme, avec la recherche d'un nouvel humanisme pour que les technosciences soient vraiment utilisées au service de l'accomplissement de l'humain.

Six chapitres balisent le parcours de réflexion. Le premier présente quelques exemples significatifs du développement des technosciences aujourd'hui pour bien comprendre leur impact – actuel et futur – sur notre vie quotidienne et nos manières de penser la vie et l'homme. Le deuxième situera notre recherche par rapport à la « tentation transhumaniste » si prégnante aujourd'hui et qui prône une humanité « sauvée » par les technosciences. On montrera qu'elle nous présente souvent un humain simplifié et appauvri de la richesse de sa complexité, et que d'autres formes d'humanisme sont nécessaires au temps des technosciences. Le troisième chapitre sera l'occasion de reprendre le concept d'écologie intégrale, proposé par le pape François dans son encyclique *Laudato Si* en 2015 : on passera l'utilisation des technosciences au crible de ce concept.

Le quatrième chapitre analysera de nouvelles recherches qui croisent biologie et psychisme aujourd'hui. Il est classique d'envisager l'influence du biologique sur le psychisme ; beaucoup moins de découvrir, comme le font aujourd'hui les biologistes, l'influence du psychisme sur les mécanismes biologiques comme l'expression des gènes ou les connexions cérébrales. Cet élément nouveau nous conduira, dans le chapitre cinq, à regarder comment prendre soin du vivant dans lequel se produit l'interaction dynamique biologique-psychique (et spirituel pour l'humain). La prise en compte de cette dynamique, qui se traduit notamment par un équilibre entre « robustesse et vulnérabilité » propre au vivant, nous donnera des points de repère pour fonder une éthique des technosciences appliquées à l'humain. Nous montrerons enfin dans le sixième chapitre comment notre vision de l'humain, fondée sur l'approche anthropologique judéo-chrétienne corps-psychisme-esprit, est en résonance avec les recherches sur la complexité du vivant en biologie et en neurosciences, sa plasticité et la spécificité de l'humain en ce domaine. Cette approche peut servir de cadre pour envisager une « augmentation/réalisation de l'humain » qui le conduise véritablement vers sa personnalisation et sa socialisation, bref, vers son accomplissement…

1

Au temps des nouvelles technologies

Notre monde connaît une transformation radicale à travers les interactions de trois révolutions : la révolution de l'économie mondialisée, la révolution du numérique et de l'information, la révolution technoscientifique. On ne peut parler de l'une sans prendre en compte les deux autres, même si le présent ouvrage s'arrêtera essentiellement sur la révolution technoscientifique. Ces trois révolutions font système et s'alimentent.

Nul ne semble en mesure aujourd'hui de prévoir avec exactitude ce que le monde devient et deviendra à travers la synergie de ces trois révolutions, avec une impression d'accélération qui séduit et effraie tout à la fois. Si nous pouvons reconnaître les avantages majeurs que ces trois révolutions offrent à beaucoup d'hommes, d'organismes et de pays aujourd'hui, certains redoutent un monde à plusieurs vitesses et de nouvelles formes d'exclusion pour ceux qui « ne sont pas dans le coup ». D'autres sont sceptiques quant aux nouveaux modèles de vie qui nous sont proposés dans ce cadre et qui touchent directement à notre manière « d'être humains ».

Dans le même mouvement, se manifestent une fascination pour cette évolution du monde, de belles opportunités à saisir pour améliorer la vie de nos contemporains, mais aussi des peurs de ne plus rien maîtriser, voire un rejet de ce « nouveau monde en émergence » jugé inhumain. Ces réactions contrastées sont exacerbées lorsque les situations sociales et environnementales deviennent alarmantes à l'échelle de la planète, y compris dans nos vieux pays occidentaux. Crise de sens et crises économiques et sociales semblent aller de pair, sur fond d'incertitude pour l'avenir et de creusement des inégalités, avec un pouvoir technologique jamais atteint dans l'histoire, porteur de fortes potentialités mais aussi de risques majeurs.

C'est sur cette « toile de fond » que nous présentons ici quelques éléments clés des « technosciences » et de leurs impacts sur l'homme.

De l'homme réparé à l'homme augmenté par les nouvelles technologies

Nous assistons depuis quelques décennies à une impressionnante montée en puissance des nouvelles technologies dans notre vie quotidienne. L'utilisation d'Internet, des smartphones et des réseaux sociaux a déjà profondément modifié notre vie quotidienne, familiale et professionnelle ; elle nous apparaît pourtant presque « normale ». Les journaux fourmillent d'articles sur les innombrables nouveautés technologiques en termes d'objets connectés, de machines intelligentes, d'intelligence artificielle et de réalité virtuelle. Les romans et les films nous racontent depuis longtemps des histoires de cyborgs (nés de la fusion homme-machine) : ces dernières semblent pouvoir devenir réalité dès aujourd'hui !

Les robots humanoïdes nous sont présentés comme acteurs d'avenir. Il y a le populaire et sympathique Nao de 60 centimètres qui se produit à l'Élysée, danse, joue au football, amuse les enfants. Mais il y a aussi l'inquiétant Atlas 2016, 1,75 mètre pour 82 kilos, conçu initialement pour des opérations militaires, concentré d'intelligence artificielle qui lui permet de s'adapter, seul, à son environnement. Il sait marcher, il monte les escaliers, agit sur des terrains accidentés, se relève tout seul et lève des charges[1] ! Du robot travailleur en usine au compagnon et aide de personnes âgées, ils nous ressemblent de plus en plus. On dit qu'un général américain qui envoyait des robots faire sauter des mines à la place de ses soldats voulut les faire revenir, trouvant leurs conditions d'exercice trop « inhumaines » ! Plus encore, voici comment les responsables du musée des Sciences et de l'Innovation de Tokyo, le Miraikan, ouvraient leur conférence de presse du 24 juin 2014 pour présenter leurs magnifiques nouvelles journalistes-robots, plus vraies que nature : « Si un robot androïde était en mesure de parler et de vivre comme un humain, il vous serait peut-être impossible de faire la distinction. Si cela se produisait, que signifierait le mot humain ? »

Ces robots « de nouvelle génération » font partie des

1. Présentation au salon Innorobo, Paris, mai 2016.

douze technologies dites « disruptives », à fort impact économique, présentées dans le rapport McKinsey 2013 sur les technologies nouvelles permettant d'augmenter les capacités humaines[1]. Ce rapport cite les progrès en intelligence artificielle comme pouvant mener à une libération de l'être humain, avec la génomique avancée (étude du fonctionnement des organismes à l'échelle du génome) et la biologie de synthèse (fabrication de micro-organismes non naturels).

Les sciences cognitives et les neurotechnologies tiennent une place particulière dans les avancées scientifiques d'aujourd'hui. Il s'agit d'étudier l'organe biologique le plus complexe qui existe, le cerveau humain, de le soigner (maladies d'Alzheimer, de Parkinson...), voire d'en stimuler le fonctionnement et d'en augmenter les capacités par diverses technologies (électroniques, chimiques, géniques). Ainsi une start-up de la Silicon Valley en Californie, Halo Neuroscience, développe-t-elle actuellement un système à base d'impulsions électromagnétiques stimulant l'activité cérébrale dans le cadre de l'apprentissage et de la mémorisation. Mais cela fait des années qu'on tente d'agir sur le cerveau par les nouvelles technologies, en implantant notamment des neuroprothèses (des nanopuces électroniques) pour traiter les dysfonctionnements de zones cérébrales affectées par une maladie. Ces puces peuvent aussi permettre une

1. James Manyika, Michael Chui, Jacques Bughin, Richard Dobbs, Peter Bisson et Alex Marrs, *Disruptive Technologies*, MacKinsey Global Institute, 2013.

commande extérieure, déjà testée sur des rats. Par une combinaison de phénomènes optiques et génétiques, des chercheurs du MIT ont ainsi activé des neurones chez un rat et contrôlé certains de ses mouvements. Ces systèmes pourraient être fort utiles pour le traitement de maladies neurologiques chez l'homme, comme l'épilepsie. Enfin, des stimulations cérébrales profondes (par exemple la TES, *Transcranial Electrical Stimulation*) sont déjà utilisées avec succès (mais non sans risques) et de manière croissante, notamment dans le traitement de la maladie de Parkinson.

On nous parle de *l'homme bionique* grâce à la connexion de systèmes technologiques sophistiqués au vivant, y compris au cerveau humain, dans un rapprochement entre sciences de l'ingénieur et médecine[1]. Ainsi développe-t-on déjà des prothèses de hanches et de genoux, de plus en plus performantes, mais aussi des cœurs artificiels. On pense aux prothèses de jambes telles celles du fameux coureur sud-africain Pistorius, de bras et de mains. On commence à équiper certaines personnes handicapées d'un bras bionique, commandé directement par le cerveau et qui permet aussi de reconnaître des formes.

On conçoit aussi des oreilles bioniques avec un implant cochléaire pour les sourds. Pour les mal- ou non-voyants, des lentilles bioniques sont mises en œuvre pour améliorer la vision, ainsi qu'un œil artificiel composé d'une caméra et de capteurs de distance qui transmettent des informations à

1. Revue *Technica*, n° 613, mai-juin 2016.

un calculateur qui lui-même renvoie l'information au cerveau par des électrodes.

L'impression 3D (impression tridimensionnelle qui permet de reproduire un objet réel) a fait de tels progrès qu'on « imprime » aujourd'hui des prothèses sur mesure, et qu'on espère le faire très vite pour la peau, des os, des cartilages voire des membres complets. Voilà des aides infiniment précieuses pour les personnes handicapées, voilà qui peut « changer » la vie de nombreuses personnes malades. Il est ainsi question d'une « bio-impression 3D » pour réparer le corps en imprimant les « pièces » défectueuses. Les organes bioartificiels peuvent révolutionner la médecine, notamment pour faire face à la pénurie de donneurs d'organes. Est-ce là une vision du corps humain « en pièces détachées » ?

Voici l'ère de *l'homme bionique*, de *l'homme instrumenté, réparé*. Même si chacun a pu constater que la prothèse qui a permis à Pistorius de devenir « un dieu du stade » n'a pas suffi à faire son bonheur complet (loin s'en faut !), on ne peut que se réjouir de ces progrès qui redonnent espoir à de nombreuses personnes. Je pense en particulier à ce jeune homme de 20 ans qui avait perdu tout usage des bras et des jambes après un terrible accident de moto et qu'on avait équipé de puces électroniques lui permettant de commander des bras artificiels autorisant une reprise d'autonomie, signe d'espoir et de « retour à la vie ». Merci aux scientifiques et à la technologie ! Autre prodige présenté par le neuroscientifique David Eagleman : une veste équipée de modules traduisant des paroles en vibrations tactiles permettant à des personnes malentendantes d'apprendre le langage par vibrations en quelques semaines[1] !

On nous parle depuis des années déjà de thérapie génique qui utilise des acides nucléiques (ADN ou ARN) pour soigner ou prévenir des maladies. Lorsqu'un gène défectueux est repéré comme responsable d'une maladie grave, on tente soit de bloquer l'expression de ce gène, soit de le remplacer par un gène fonctionnel à « action thérapeutique ». On nous parle aussi de génie génétique pour modifier les génomes, de biologie synthétique pour fabriquer de l'ADN et des génomes artificiels, de neurotechnologies pour les implants cérébraux, mais aussi de nanomédicaments et de nanopuces, de nanorobots et de nanosystèmes reproductifs. Ces réalisations (et les nombreuses promesses qui sont évoquées à leur sujet !) sont liées au développement des nanotechnologies (technologies à l'échelle du milliardième de mètre) et des biotechnologies, en lien étroit avec les nouvelles technologies de l'information[2]. Les domaines de la santé, de l'énergie, de l'environnement, de l'information et des communications sont directement impactés par ces nouvelles technosciences. Ces technologies touchent déjà

1. Les cahiers de veille de la Fondation Télécom, 2015.

2. Voir par exemple : Bernadette Bensaude-Vincent, *Les Vertiges de la technoscience : façonner le monde atome par atome*, La Découverte, 23 avril 2009 ; Thierry Magnin, *Les Nouvelles Biotechnologies en question*, Salvator, 2013 ; Pierre Giorgini, *La Transition fulgurante*, Bayard, 2014.

notre quotidien et influencent nos manières de penser le vivant (on peut en fabriquer des composantes !) et d'envisager la « vie artificielle ».

Typiques des avancées technologiques d'aujourd'hui, de nouveaux dispositifs pour soigner des cancers sont mis au point, à la croisée du biologique, de l'ingénierie et de la robotique, à l'échelle des nanotechnologies. Ainsi, le site Internet de l'École polytechnique de Montréal[1] publie le 15 août 2016 les résultats d'une étude de chercheurs de cette université qui ont mis au point de nouveaux agents nanorobotiques capables de naviguer à travers le système sanguin pour administrer avec précision un médicament en visant spécifiquement les cellules des tumeurs cancéreuses, sans compromettre l'intégrité des organes et tissus sains environnants. Pour l'instant appliqué aux souris, ce type de technologie, qui développe l'approche déjà pratiquée du « nanomédicament », est plein de promesses pour le traitement de cancers sur l'homme.

Les progrès de la génétique couplés à ceux des statistiques (à partir d'un grand nombre de données collectées, de ce que l'on appelle les *big data*) permettent de nouvelles méthodes de prévention et de traitement des cancers. Il s'agit de récupérer des données précises sur la santé et les caractères biologiques du patient et de les mettre en lien avec celles de milliers d'individus. À partir de là, un traitement statistique permet de classer les individus et de déterminer les meilleures thérapeutiques pour chaque patient.

1. http://www.polymtl.ca/carrefour-actualite/nouvelles.

On peut alors soigner chacun individuellement à partir de ses caractéristiques propres. Pour traiter un cancer, par exemple, on s'intéresse aux spécificités génétiques et biologiques de la tumeur, sans oublier l'environnement et le mode de vie du malade. On utilise ainsi des thérapies dites ciblées, variables selon les patients. Pour adapter les traitements, la gestion des nombreuses données liées au patient est devenue essentielle. Elle pose, on s'en doute, de nombreuses questions, dont celle du secret médical et de leur sécurisation.

On nous parle là aussi d'*homme réparé* grâce aux nouvelles technologies utilisées dans une médecine dite « personnalisée ». Cette dernière se développe conjointement avec l'apparition de nouvelles technologies comme le séquençage d'ADN (succession des bases de l'ADN) de nouvelle génération, rapide et peu coûteux, et les outils informatiques permettant l'analyse de grandes quantités de données, évoquée plus haut. La pratique de la médecine personnalisée ouvre la voie de la médecine préventive, voire prédictive. On cherche ainsi non plus seulement à soigner mais surtout à maintenir les personnes en bonne santé si l'on peut dire ! Les *big data*, et le numérique en général, bouleversent la pratique médicale, depuis l'aide au diagnostic et au traitement adapté, jusqu'à la prévention et la prédiction, sans oublier la télémédecine et la chirurgie robotique.

On parle également de médecine régénératrice grâce aux reprogrammations biologiques. Ainsi, à partir de cellules souches pluripotentes induites (cellules de peau par exemple, « revenues » à l'état quasi embryonnaire), on peut réparer une lésion ou un organe malade puisque ces cellules peuvent se différencier et remplacer les cellules lésées ou malades. Ces cellules souches sont également cultivées en milieu liquide approprié pour permettre de construire des mini-organes en 3D, les organoïdes, qui vont comme « mimer » le comportement de tissus et même du cerveau. L'idée est de les utiliser pour mieux comprendre l'action de certaines maladies et pour tester l'efficacité des médicaments contre celles-ci. Ainsi commence-t-on à étudier sur des « mini-cerveaux » le développement de la sclérose en plaques, des maladies de Parkinson et d'Alzheimer, mais aussi d'attaques virales et de différents traumatismes[1]. On peut tester l'action de médicaments anticancéreux sur des « tuméroïdes », organoïdes mimant une tumeur cancéreuse. Même si ces mini-organes n'ont pas la complexité de l'organe naturel, ces avancées biotechnologiques constituent de réelles promesses de lutte contre les maladies comme le cancer.

Comme on l'a déjà évoqué, on pense implanter des puces électroniques dans le cerveau, par exemple pour restaurer la mémoire de personnes atteintes à ce niveau-là. Et comme de nombreuses maladies sont contrôlées et régulées par le système nerveux, les maladies neurologiques et inflammatoires en particulier, l'idée de moduler l'activité du système nerveux semble porteuse d'avenir. En surveillant ainsi en permanence le corps humain, on pense être capable de détecter

1. Voir les travaux du professeur Thomas Hartung sur le site web de la Johns Hopkins University, Maryland, États-Unis.

les débuts d'éventuelles anomalies afin de rétablir aussitôt le fonctionnement normal.

Un exemple de l'effet bénéfique de combinaisons de technologies nouvelles au service de la santé est particulièrement marquant. Il s'agit de personnes tétraplégiques, dont les blessures de la colonne vertébrale avaient été déclarées incurables, et qui ont pu retrouver l'usage partiel de leurs jambes grâce à des exosquelettes (squelettes externes) contrôlés par la pensée[1]. Une « interface neuronale » (puce électronique sophistiquée) intercepte les signaux relatifs aux mouvements générés par le cerveau et les convertit en commandes pour l'exosquelette. De plus, l'utilisation de celui-ci est favorisée par un système de réalité virtuelle qui permet aux patients de croire qu'ils marchent réellement sur leurs jambes, ce qui les aide en effet. Après un an d'exercices, les huit patients de l'expérience ont retrouvé des sensations dans les membres inférieurs et ont pu les mouvoir et marcher. Les scientifiques ont montré que les patients paralysés avaient toujours des parties du système nerveux non endommagées qui prenaient le relais des parties défectueuses. C'est ce nouvel apprentissage assisté par les technologies qui le permet.

On nous parle d'*homme réparé*, d'*homme connecté*, mais aussi de plus en plus d'*homme augmenté* par ces technologies[2]. Déjà en portant un bracelet électronique lors de votre jogging, vous êtes tenu au courant de votre rythme

1. Revue *Scientific Reports* du 9 août 2016.

2. Voir par exemple *Sciences et Avenir*, n° 814, 2014, dont l'article d'Olivier Hertel.

cardiaque et de bien d'autres données physiologi sont censées sécuriser et réguler votre effort p meilleure performance sportive. En portant des Google Glass (projet qui a passionné mais qui a ét ment abandonné momentanément), vous pouvez nc ment voir votre chemin mais être connecté à I branché sur vos SMS ou MMS, votre courrier électronique ou des cartes pour trouver votre voie. La génération future des Google Glass 3D, qui aura peut-être plus de succès économique que la précédente, permettra même de superposer une vue réelle à une vue virtuelle (pour une réalité augmentée ?).

À titre d'exemple de cette « augmentation », on peut citer l'utilisation possible dans l'avenir de puces électroniques destinées à nous donner davantage le sens de l'orientation. Certains animaux ont une capacité à retrouver le nord magnétique instinctivement et ainsi à s'orienter dans l'espace de manière stupéfiante pour nous. C'est souvent pour eux une question de survie. La société britannique Cyborg Nest[1] vient de simuler la « boussole intérieure » de certains animaux pour en faire une puce électronique implantée chez l'homme afin que celui-ci « ne perde pas le nord » et acquière un sixième sens augmenté, celui de l'orientation ! Cette puce, appelée North Sense, fonctionne comme un organe sensoriel autonome, sans connexion Internet. Son système électronique vibre lorsqu'il détecte le nord magnétique. Sur le site Internet de la société britan-

1. Voir son site Internet http://www.cyborgnest.net.

nique, on peut lire, sous le titre « *Design your evolution* », ce texte futuriste qui fascinera ou/et inquiétera bien des lecteurs : « Nous croyons que si nous sentons plus, nous comprenons mieux, et nous pouvons vivre une expérience de vie plus profonde. Une nouvelle ère s'ouvre, et les pionniers qui travaillent maintenant construisent une nouvelle étape dans notre évolution : devenir un cyborg. »

Certains pensent ainsi que ces technologies peuvent aussi être mises à disposition de personnes en pleine santé pour améliorer leurs performances fonctionnelles, aussi bien physiques, intellectuelles qu'émotionnelles. Rêves et fantasmes surgissent alors de cette montée en puissance des technologies nouvelles, dépassant la problématique de *l'homme réparé* pour aller vers *l'homme augmenté* et même « *sauvé* » par les nouvelles technologies. Un glissement est en train de se faire entre l'espoir de l'homme réparé et la vision beaucoup plus troublante de *l'homme augmenté*, dans le sillage du rapport de 2002 de la National Science Foundation dont le titre est évocateur : « Les technologies convergentes pour l'augmentation des performances humaines[1] ».

La visée d'augmenter les capacités humaines ne date pas d'aujourd'hui et elle n'est pas forcément négative. Ce sont plutôt les fantasmes et les visions de l'homme que prônent certains tenants de *l'homme augmenté* qui sèment le trouble, comme nous le verrons plus loin avec le transhumanisme.

1. Mihail C. Roco et William Sims Bainbridge, *NSF Report « Converging Technologies for Improving Human Performance »*, juin 2002.

Ainsi des spécialistes de l'intelligence artificielle rêvent-ils de transférer notre esprit en téléchargeant le cerveau vers une machine ou un robot et d'être enfin débarrassé de ce véhicule encombrant et vieillissant qu'est le corps humain, trop limité !

Devenir les « designers de notre évolution » (sans oublier cependant que le vivant évolue avec une dose d'indéterminisme) apparaît possible, afin de dépasser nos limites et peut-être un jour de ne plus en avoir ! *Devenir plus forts, plus intelligents et vivre plus longtemps, voire indéfiniment*, tel est le leitmotiv de certains courants transhumanistes aujourd'hui. La quête d'immortalité est leur visée ultime[1]. L'idéologie transhumaniste travaille au dépassement de l'espèce humaine car ses tenants la considèrent comme trop imparfaite. Cette vision des « imperfections désignées » nous intéressera tout particulièrement dans cet ouvrage.

Deux grandes questions surgissent de ce bref aperçu de l'évolution vertigineuse des technologies appliquées à l'homme aujourd'hui, entre réalisations, promesses et fantasmes.

Comment accueillir ces nouvelles technologies sans les

1. R. Kurzweil et T. Grossman, *Fantastic Voyage. Live Long Enough to Live Forever*, États-Unis, Rodale Books, 2004. Présentation du transhumanisme dans Tirosh-Samuelson (2011), « Engaging Transhumanism », *Humanity +/-*, New York, Metanexus Institute, p. 19-52. Nicolas Le Dévédec et Fany Guis, « L'humain augmenté, un enjeu social », *SociologieS* [en ligne], http://sociologies.revues.org/4409, 2013.

diaboliser mais en discernant les utilisations qui peuvent être réellement au service de l'homme et en disant « non » aux autres ?

Mais aussi, comment penser l'humain au moment où ces nouvelles technologies peuvent toucher à la nature de l'homme lui-même, le transformer durablement, notamment avec les visées de l'homme augmenté ? C'est essentiellement cette seconde question qui guidera le présent ouvrage. Comment nos visions humanistes traditionnelles sont-elles influencées par le développement de ces nouvelles technologies qui peuvent agir sur le génome, le cerveau et tout le corps humain ? Quel humanisme proposer pour vivre au temps des nouvelles technologies ?

Le vivant transformé par les nanobiotechnologies

Les biotechnologies sont au premier rang des problématiques de l'homme réparé et de l'homme augmenté. Elles regroupent l'ensemble des méthodes et des techniques qui utilisent comme outils des organismes vivants (cellules animales et végétales, micro-organismes…) ou des parties de ceux-ci (gènes, enzymes…) en vue d'applications industrielles et médicales. La mise au point d'organismes génétiquement modifiés (OGM) en est le symbole controversé ! Mais au-delà des OGM, c'est toute une nouvelle ingénierie du vivant qui se développe, entre réalisations et promesses, notamment pour la médecine.

Un pas considérable a été franchi par le lien entre

nanotechnologies (qui travaillent à l'échelle du milliardième de mètre) et biotechnologies, pour donner naissance aux nanobiotechnologies. Ainsi la biologie humaine, régie par des phénomènes moléculaires, est devenue un des domaines d'application les plus prometteurs des nanotechnologies. Ces dernières permettent en effet de structurer des assemblages moléculaires destinés à interagir, traiter ou reconstituer un tissu ou un organe particulier dans le corps humain. Ces outils permettent aussi de miniaturiser des dispositifs qui seront des aides sans précédent pour le diagnostic *in* ou *ex vivo*[1].

Ainsi peut-on élaborer des puces à ADN, petites plaques de silicium ou de verre sur lesquelles on greffe des centaines de milliers de séquences ADN. Elles permettent d'analyser l'expression des gènes d'un échantillon dit « pathologique » par rapport à un échantillon normal. On peut ainsi repérer une anomalie génétique prédisposant à une maladie. On prévoit même de disposer rapidement de microsystèmes d'analyse biologique, véritables laboratoires de poche pour réaliser de multiples analyses à partir d'une simple goutte de sang (les *labs-on-chip*). Enfin, la fabrication de nanomédicaments (des nanovecteurs qui ciblent des tissus particuliers), permettant de soigner très localement des cellules cancéreuses, est déjà rendue possible comme on l'a évoqué.

Au-delà des outils de diagnostic et des médicaments, les

1. Site INSERM, dossier réalisé en collaboration avec Emmanuel Garcion, unité de recherche UMR-S 1066/Université Angers, Unité micro et nanomédecines biomimétiques (MINT), juin 2015.

nanobiotechnologies ouvrent des perspectives vertigineuses pour modifier les génomes.

Ainsi, en 2010, le chercheur Craig Venter annonça à grand renfort de publicité, sur le site web de la célèbre revue *Nature*, avoir « créé la première cellule vivante synthétique » (en fait une cellule naturelle de bactérie, activée par un génome artificiel d'environ 600 gènes). Cette annonce « choc » symbolise l'entrée dans une nouvelle ère de la *fabrication du vivant*, tant au niveau du laboratoire que de l'industrie, avec de très prometteuses applications en médecine comme dans le domaine de l'énergie et des matériaux, sur fond d'une compétition économique effrénée. La course au brevet bat son plein, avec une question de fond : a-t-on le droit de breveter du vivant ?

En 2014, une équipe de l'université de New York, dirigée par Jef Boeke, publie dans la revue *Science*[1] un article indiquant que, pour la première fois, un chromosome appartenant à une cellule eucaryote, c'est-à-dire dotée d'un noyau renfermant son patrimoine génétique – comme celles qui nous constituent –, a été entièrement synthétisé et a pu s'exprimer dans celle-ci. L'expérience a permis de doter le micro-organisme d'un long fragment d'ADN dont la séquence a été « réinventée ».

Pour élaborer des micro-organismes vivants par ingénierie métabolique (qui vise à concevoir des micro-organismes « à la carte » et capables de produire le composé chimique voulu à partir de ressources renouvelables), on substitue le génome

1. Revue *Science* mise en ligne le jeudi 27 mars 2014.

naturel d'une bactérie pour le remplacer par un génome (partiellement) artificiel, permettant ainsi de construire de nouvelles voies métaboliques (et d'éliminer des voies parasites), susceptibles de produire des molécules d'intérêt[1]. Il est ainsi théoriquement possible de concevoir un génome minimal codant les fonctionnalités de base du vivant désiré après introduction dans la bactérie naturelle. De plus, on peut ajouter à ce « châssis minimal » artificiel de nouvelles combinaisons d'acides nucléiques, véritables modules « à la carte » qui permettent d'assumer d'autres fonctions métaboliques. En quelque sorte on transforme la bactérie en une micro-usine. Et cela pour de très bonnes causes, comme celle de fabriquer des biocarburants et de diminuer le rejet de carbone et de CO_2 dans le cas des avions par exemple. Le vivant est modifiable dans sa structure mais il est aussi considéré comme une « ressource » pour produire. On parlera de « bioressource » et, par là même, de bioéconomie.

De nombreux médicaments sont aujourd'hui produits par voie biotechnologique en s'aidant de bactéries, de levures mais aussi de cellules végétales. Ces cellules sont utilisées comme « usines de production » de médicaments en insérant le gène nécessaire à la synthèse des principes actifs directement dans le génome. Une production à faible coût et à grande échelle est alors possible, par rapport aux productions classiques, sans dépendre de contraintes saisonnières ou géographiques.

1. Travaux du consortium TWB (Toulouse White Biotechnology) par exemple.

Tout récemment, la revue *Science*[1] a annoncé une mobilisation de scientifiques pour synthétiser le génome humain et ses 23 000 gènes. Cette annonce suscite de l'enthousiasme chez certains, de lourdes craintes chez d'autres, notamment parce que parmi les vingt-quatre auteurs de l'annonce on note la présence de personnes se réclamant du courant transhumaniste.

À l'époque des biotechnologies modernes, l'homme est donc capable non seulement de modifier le vivant, mais encore de fabriquer des morceaux de vivant artificiel, comme des virus, des fragments d'ADN ou des génomes de bactéries. Certains pensent alors à la « vie artificielle », comme nous l'avons évoqué ! La « biologie de synthèse » est ainsi en plein développement dans les laboratoires, jusqu'aux démonstrateurs préindustriels. De multiples possibilités de fabriquer du vivant s'ouvrent alors et on parle de manufacture moléculaire et de nouvelle bio-ingénierie.

C'est dans la dernière partie du XXe siècle qu'on donna le nom de « technosciences » aux nouvelles technologies qui défrayent actuellement la chronique : les nanotechnologies « N », les biotechnologies « B », les technologies de l'information « I », les sciences cognitives « C » (dont les neurosciences). Leur convergence dite « NBIC » est fondée sur l'intégration de ces différentes technologies sur des blocs de matière à l'échelle spécifique du nanomètre. Si « la matière est de l'information (codage) », le traitement de celle-ci permet non seulement de copier le vivant naturel mais

1. Revue *Science* mise en ligne le 2 juin 2016.

aussi de le reprogrammer à l'aide d'algorithmes et de simulations. Désormais on « façonne le monde atome par atome » à cette échelle pour laquelle il n'y a pas de différence de structure entre la matière inerte et la matière vivante ! C'est à partir de là qu'une nouvelle bio-ingénierie fondée sur les nanobiotechnologies a commencé à se développer. Elle permet de modifier le comportement de vivants naturels mais aussi de penser à d'autres formes de vivants que ceux que la nature nous révèle !

Ainsi, l'équipe du professeur Christopher Voigt, biologiste et généticien du MIT, vient-elle de mettre au point un nouveau langage de programmation capable de modifier des organismes vivants[1]. Cette programmation a été élaborée à partir d'un langage très utilisé pour programmer des circuits logiques en électronique, le Verilog HDL. Il s'agit de compiler ce code afin qu'il soit reconnu par un organisme vivant, par exemple une cellule ou une bactérie, et de l'injecter dans son ADN, afin de lui conférer de nouvelles fonctions.

Cette nouvelle ingénierie des systèmes biologiques utilise des biocapteurs qui agissent comme des « interrupteurs moléculaires » en réagissant à un stimulus provoqué. Ils sont déjà employés dans le domaine de la médecine, à la fois pour comprendre le mécanisme de certaines maladies et pour développer de nouveaux traitements. Des systèmes synthétiques ont été développés pour réguler la concentration de certaines molécules. Ainsi, un système a été mis au

1. Revue *Science* mise en ligne le 1er avril 2016.

point pour autoréguler la concentration de l'acide urique dont le métabolisme est perturbé chez les malades atteints de la goutte. En présence d'une concentration trop élevée en acide urique, le système réagit en produisant une protéine qui permet la dégradation de la molécule.

L'actualité récente a révélé aussi que des chercheurs chinois avaient tenté (en 2015 puis en 2016) des modifications génétiques sur des embryons humains, à l'aide d'une nouvelle méthode dite « d'édition de gènes », du nom quelque peu barbare de CRISPR-Cas9 (*clustered regularly interspaced short palindromic repeats*, « courtes répétitions palindromiques groupées et régulièrement espacées[1] »). Cette méthode soulève l'enthousiasme de certains et inquiète en même temps une partie de la communauté scientifique (du fait de sa simplicité de mise en œuvre) et des citoyens.

Cette méthode entre dans la famille des nanobiotechnologies et opère sur du vivant (plantes, animaux, cellules humaines) à l'échelle des gènes, c'est-à-dire du milliardième de mètre. CRISPR-Cas9 a été mise au point à partir des technologies de séquençage des génomes et permet de faciliter les constructions de la thérapie génique. Elle peut en effet aller couper des gènes fautifs (délétères) et les remplacer par des copies non altérées.

Le système CRISPR-Cas9, issu du décryptage d'un système immunitaire bactérien, est ainsi un outil qui permet

1. Voir par exemple Emmanuelle Charpentier, « CRISPR-Cas9, l'outil qui révolutionne la génétique », *Pour la Science*, n° 456, octobre 2015.

de modifier le génome en supprimant ou en ajoutant des gènes, ou encore en les activant ou en les rendant muets. Il s'agit de modifier de façon contrôlée la séquence du génome en des sites précis. Les applications potentielles envisagées concernent l'éradication de maladies génétiques ou de vecteurs de ces maladies, mais aussi la recherche pour mieux comprendre le rôle des gènes, dans l'embryon humain notamment. Notons que jusqu'ici les études chinoises citées plus haut montrent de grandes difficultés d'utilisation de cette méthode sur l'embryon humain, avec notamment des effets collatéraux dont les chercheurs pensent cependant pouvoir s'affranchir dans l'avenir.

Ce système peut être utilisé pour réaliser un « forçage génétique », par exemple dans le but d'éradiquer le paludisme en introduisant dans la séquence génétique de certains moustiques un gène qui confère une résistance à cette maladie. En relâchant dans la nature quelques individus porteurs de ce gène, on peut théoriquement obtenir en quelques dizaines de générations une population de moustiques entièrement contaminée qui ne véhiculeront plus le paludisme. Si cet aspect d'éradication d'une maladie dangereuse est intéressant, il faut cependant aller plus loin dans la réflexion sur les conséquences à terme d'un tel forçage génétique sur les équilibres naturels et sur les effets collatéraux. L'outil CRISPR-Cas9 pourrait être utilisé de même dans la lutte contre la dengue ou le virus zika, avec les mêmes réserves et les mêmes précautions.

Associée aux nouvelles perspectives de thérapies cellulaires ouvertes par les cellules souches pluripotentes induites (déjà mentionnées), cette méthode permet aux laboratoires de disposer d'outils extrêmement puissants, plus efficaces que les précédents, notamment pour leur facilité d'emploi et la stabilité des transmissions de corrections génétiques. Dans le cadre de son application à l'homme, l'objectif affiché est de faire disparaître des maladies qui ont une base génétique, par exemple la bêta-thalassémie, maladie du sang bien connue, en faisant disparaître son « gène », ou bien de lutter contre le sida.

Dans le même sens, une technique proche, le C2C2, vient d'être testée au MIT (voir note 1, p. 31). Le même principe de ciseaux est appliqué, mais cette fois sur l'ARN et non l'ADN. Si l'ADN porte le code génétique de notre corps, l'ARN réalise ses instructions, permettant au code de « fonctionner ». L'ARN peut en fait contrôler la production de protéines dans la cellule. La technique permet de dissocier un agent pathogène indésirable de l'ARN. Les attaques d'agents pathogènes pourraient être ainsi désactivées. Des problèmes d'effets collatéraux sont là aussi signalés et devront être travaillés. On peut cependant espérer éradiquer nombre d'agents pathogènes et de virus, sans toucher, cette fois, à l'ADN, c'est-à-dire au code fondamental de notre espèce !

Toujours pour lutter contre des virus dévastateurs comme ceux de la dengue et Ebola, des scientifiques d'IBM spécialistes de matériaux organiques et des chercheurs de l'Institut de la bio-ingénierie et de la nanotechnologie de Singapour viennent de fabriquer une « macromolécule » capable de s'attaquer à la partie externe des virus. Utilisant des liaisons électrostatiques, cette macromolécule non toxique s'accroche au virus et lui ôte la faculté d'infecter les cellules saines. Même si les chercheurs demandent encore du temps pour appliquer leur découverte à l'homme en vue d'éradiquer les effets néfastes du virus Ebola, il est intéressant de souligner ici la conjonction positive entre la recherche médicale et les prouesses d'IBM en termes de matériaux et de calcul pour la mise au point de nouveaux traitements contre des maladies aussi dangereuses.

Les nanobiotechnologies ici présentées et leurs applications actuelles et présumées laissent apparaître des possibilités totalement nouvelles pour transformer le vivant, pour réparer l'homme mais aussi pour modifier son génome et augmenter ses capacités fonctionnelles. Ces technosciences peuvent ainsi toucher à la nature même de l'homme, depuis ses fonctions biologiques jusqu'à son psychisme comme le montrent les applications au niveau cérébral.

Les technosciences à l'heure du numérique

La « transformation technoscientifique » est « portée » par une forme d'« hyperpuissance digitale ». On est capable aujourd'hui de traiter mille milliards d'opérations par seconde à l'aide d'un tout petit circuit intégré ! Or la matière et l'énergie peuvent s'exprimer en termes d'information, et donc être traitées en tant que telle, pour les NBIC par exemple. L'information « représentative » de la matière analysée (un génome par exemple) peut être numérisée, c'est-à-dire exprimée par une combinaison de nombres (actuellement des 0 et des 1), puis stockée, modifiée, éditée, transmise.

Depuis que le séquençage de l'ADN humain (la lecture des milliards d'informations contenues dans le patrimoine génétique d'un individu) a été effectué en 2003, on peut maintenant songer à « écrire » le génome humain, comme on le fait pour celui des bactéries, d'autant que le coût du séquençage de l'ADN a nettement baissé. C'est ce que le récent programme publié par la revue *Science* projette de faire, comme cela est indiqué dans la note 1, p. 31. Cette bio-informatique des séquences permet de traiter l'analyse de données issues de l'information génétique contenue dans la séquence de l'ADN ou dans celle des protéines qu'il code. Se développe aussi une bio-informatique des réseaux qui s'intéresse aux interactions entre gènes, protéines, cellules, organismes, et cherche à analyser et modéliser les comportements collectifs d'ensembles de briques élémentaires du vivant.

L'informatique permet alors de transcrire le texte des génomes. Grâce à des algorithmes adaptés, l'ordinateur va produire des prédictions quant à la localisation des milliers de gènes d'un organisme vivant ainsi que les fonctions des protéines qu'ils codent.

Qu'est-ce qu'un algorithme ? C'est une façon de décrire, dans ses moindres détails, comment procéder pour faire quelque chose, comment partir d'un état pour parvenir à un résultat. C'est un programme d'instructions, un processus d'opérations logiques le plus astucieuses et le plus performantes possible. Ce sont donc des « inventions humaines », avec leurs objectifs et leurs visées, leurs performances évolutives et leurs limites, ne l'oublions jamais !

On pense aux algorithmes des moteurs de recherche sur Internet qui déterminent l'ordre de la liste des sites correspondant aux mots clés de l'internaute, en fonction de plus de 200 critères. On sait que ces algorithmes sont partout sur Internet : on peut s'en apercevoir à travers les publicités ciblées sur les goûts analysés des internautes et qui leur sont régulièrement proposées (imposées ?). Mais on sait aussi qu'ils permettent de traduire des langues, de nous guider sur la route et même de reconnaître des visages. Les marchés boursiers en sont remplis, ainsi que les centres de gestion des transports et, comme on l'a dit, le domaine de la santé : « La machine dotée d'algorithmes pertinents peut analyser des millions de données, et nous éclairer sur des diagnostics ou des traitements, avec aujourd'hui un taux de fiabilité de 96 % par exemple pour certains cancers. L'esprit humain ne peut rivaliser[1]. » Sans oublier cependant que les machines peuvent nous donner des corrélations entre des paramètres qui n'ont pas forcément de sens physique ! Les algorithmes ne nous donnent pas « la vérité », ils nous disent « le plus probable » dans un cadre donné et selon leurs performances.

Un exemple très symbolique de cette puissance des algorithmes vient de nous être donné par les victoires successives de « la machine intelligente » sur le champion d'Europe du

1. Guy Vallancien, *La Médecine sans médecin ? Le numérique au service du malade*, Gallimard, coll. « Le débat », 2015.

jeu de go en 2015 et le champion du monde en 2016. Ces « progrès » des technologies du numérique sont dus à la fois à l'accroissement exponentiel de la puissance de calcul, des capacités de stockage et aux performances des algorithmes. D'où l'impression de puissance sans limites qui semble se dégager, notamment si l'utilisation d'ordinateurs quantiques devient effective. C'est ainsi que certains pensent que les fonctions biologiques les plus sophistiquées, celles de l'intelligence humaine par exemple, pourront être simulées selon ces programmes. Des chercheurs du MIT tentent actuellement de simuler l'intuition humaine à partir des dernières analyses en neurosciences dans ce domaine !

En août 2014, des chercheurs d'IBM aux États-Unis ont présenté la première puce « neuromorphique » TrueNorth capable de gérer des tâches complexes du cerveau humain comme la reconnaissance d'images et de voix. Ces chercheurs se sont inspirés de l'architecture neuronale du cerveau humain et font actuellement fonctionner un supercalculateur neuromorphique utilisant 16 puces TrueNorth qui peut traiter un réseau de 16 millions de neurones et de 4 milliards de synapses (connexions entre neurones). Les champs potentiels d'applications sont immenses, notamment dans le domaine de la cybersécurité.

Entre robots, neurosciences et supercalculateurs « à réseaux neuronaux », l'intelligence artificielle se déploie fortement. De la simulation du cerveau à l'augmentation de ses capacités, en passant par la conception de ces supercalculateurs remplaçant l'homme dans des tâches complexes, ses applications possibles semblent multiples et rejaillissent sur la vieille question de la place de l'homme et de sa spécificité dans la nature. Même si la puissance de calcul est un atout majeur, les « machines intelligentes » peuvent faire des tâches spécifiques beaucoup plus rapidement et précisément que l'homme (comme dans l'exemple du jeu de go), mais ont aujourd'hui plus de mal devant des tâches complexes et multiples nécessitant un long apprentissage. La porte est cependant ouverte pour des machines apprenantes, déjà en cours de fonctionnement en robotique.

Une remarque fondamentale s'impose ici. Ce développement exponentiel du numérique qui envahit les sciences et les technologies, jusque dans notre quotidien, apporte de nombreuses possibilités pratiques mais il réduit aussi toute réalité à ce qui est calculable. Je pense ici à l'utilisation du numérique dans la modélisation de la pensée humaine, de l'intelligence humaine, comme dans le Human Brain Project à Lausanne. Dans le communiqué de presse de la Commission européenne du 28 janvier 2013 annonçant la sélection de ce projet pour son financement par l'Europe, il est dit : « Le Human Brain Project (HBP) a pour but de réunir toutes les connaissances actuelles sur le cerveau humain afin de le reconstituer, pièce par pièce, dans des modèles et des simulations informatiques. Ces modèles ouvriront de nouvelles perspectives dans le but de mieux comprendre le cerveau et les maladies neurologiques. Il s'agira également de développer des technologies novatrices dans les domaines informatiques et robotiques [...]. La reconnaissance des objets et des actions, la conscience du corps et de soi, la prise de décision, la navigation spatiale sont autant de fonctions qui seront analysées par imagerie cérébrale et reproduites dans des simulations. Une attention particulière sera portée à la question, non résolue, du propre de l'espèce humaine : langage, symboles, représentation de l'esprit d'autrui... »

Ce réductionnisme (ce qui est calculable) est tout à fait normal tant qu'il est explicité. L'expérience montre cependant qu'il va parfois de pair avec des postures idéologiques certes légitimes mais aussi discutables. Certains scientifiques « croient » que « penser, c'est calculer » ! C'est leur droit, mais cette posture est infiniment discutée, il ne faut pas l'oublier. Si la pensée se réduit à des algorithmes, homme et machine peuvent former une unité : mais au prix de quelle réduction ! Les technologies du numérique peuvent ainsi « produire » des représentations du monde, du vivant, de l'homme, fort discutables... ce qui n'enlève rien à leur intérêt opératoire et exploratoire, mais nous invite toujours à garder une distance critique.

Il ne s'agit pas ici de diminuer le grand intérêt de l'intelligence artificielle et de ses applications, loin de là. Mais il semble essentiel que son développement et son utilisation aillent de pair avec une lucidité et une vigilance éthique au service d'un juste usage. Intégrer cette dimension éthique rend la technologie plus performante, contrairement à l'idée parfois répandue que l'éthique serait un frein au développement technologique. Ce discernement éthique, devant la fascination qu'exercent les technosciences, doit tenir compte non seulement de grands principes sur lesquels nous reviendrons (comme le respect de la dignité de toute personne humaine) mais aussi du contexte d'utilisation, de l'aspect singulier de chaque personne qui en est destinatrice. Pensons à ce jeune homme paralysé qui commençait à revivre grâce à des prothèses commandées par puces électroniques implantées dans son cerveau : il serait inconvenant de ne pas se réjouir de telles possibilités. Il en va ainsi dans l'exemple suivant pour lequel l'intégration d'intelligence artificielle peut apporter une aide considérable à des personnes non voyantes.

Microsoft, après Facebook, vient de développer une application qui permet aux personnes mal-voyantes de mieux « percevoir » le monde qui les entoure[1]. Cette application fonctionne sur des lunettes connectées et il suffit que l'utilisateur passe son doigt sur le côté des lunettes pour qu'une voix lui raconte en détail ce qui se passe autour de lui. Ce système peut permettre de décrire des scènes de la vie quotidienne et même l'expression des visages de l'interlocuteur de la personne mal-voyante. Si ces procédés se développent et si leur prix d'achat est abordable, ne pas les utiliser reviendrait à une « non-assistance à personne en danger » !

Par ailleurs, on ne peut passer à côté de l'aspect économique de ces prodigieuses évolutions. Les opérateurs du numérique à grande échelle sont en train de « se tailler la part du lion » si je puis dire. On pense ici aux acteurs principaux comme Google-Apple-Facebook-Amazon-Microsoft

---

1. Conférence Build 2016, San Francisco, 30 mars 2016.

(GAFAM), capables, dans le domaine de la santé par exemple, de collecter des milliards d'informations qu'aucun médecin ne peut traiter, ce qu'un système expert pourra cependant faire en une fraction de seconde ! Quel pouvoir entre les mains des GAFAM, pouvoir numérique, économique, sociétal, à l'heure des NBIC et de la médecine personnalisée ! Quel bouleversement se prépare ainsi dans le monde de la santé, aussi bien au niveau industriel qu'au niveau de l'exercice même de la médecine et de la relation avec le patient !

L'importance du numérique en médecine se retrouve ainsi à travers maints exemples. Ce fut le sujet d'une récente conférence[1] organisée par le réseau G9+, intitulée « Santé 4.0 : comment le numérique va-t-il transformer la médecine ? ». Ce réseau fédère 20 communautés d'anciens de diverses formations – écoles d'ingénieurs, de management, sciences politiques et universités. Le réseau G9+ est un *think tank* de 50 000 professionnels du numérique, acteurs privés ou publics et pôles d'expertise.

La présentation du colloque indique comme argumentaire que le vieillissement continu de la population s'accompagne d'une augmentation exponentielle des atteintes du cerveau, « c'est-à-dire de l'essence même de l'homme » selon les organisateurs. On nous indique ensuite que le seul coût annuel de prise en charge des démences en Europe représente d'ores et déjà plus de 130 milliards d'euros et devrait doubler d'ici vingt ans. Face à ce défi sociétal d'une ampleur

1. Voir http://up-magazine.info/index.php/le-vivant/sciences/5758

inédite, l'objectif du colloque était de présenter les perspectives pour la médecine de la convergence entre les nouvelles technologies du numérique et les neurosciences. Il s'agissait ainsi de comprendre les enjeux essentiels et d'identifier les évolutions clés sur les plans technique, scientifique, industriel mais aussi éthique.

Les premières discussions ont porté sur les outils statistiques disponibles aujourd'hui pour traiter les « mégadonnées » pour l'automatisation des diagnostics, déjà évoquée plus haut. C'est l'action de Google qui a accès à ces mégadonnées et possède une forme de « capacité algorithmique » comme IBM. Des pans entiers de l'action médicale vont en être transformés puisque « la machine » va, là aussi, faire des tâches accomplies aujourd'hui par le médecin.

Pour certains intervenants technophiles du colloque, Google, qui prône une médecine plus préventive grâce au numérique, pourrait apporter de « l'intelligence » à la prise de décision médicale. Ainsi, le chirurgien-urologue Guy Vallancien[1], membre de l'Académie de médecine, pense que nous avons à portée de main les moyens d'une médecine plus efficace et plus humaine. Les technologies de l'imagerie médicale et des analyses biologiques fournissent au médecin la plupart des diagnostics. Il peut alors faire la synthèse des informations reçues et il aurait ainsi plus de temps pour se concentrer sur une écoute du malade avec lequel il décide du traitement dans une médecine vraiment personnalisée. D'autres, comme Emmanuel Hirsch, direc-

1. Guy Vallancien, *La Médecine sans médecin ?*, *op. cit.*

teur de l'Espace national de réflexion éthique sur les maladies neurodégénératives, pensent au contraire que la segmentation de la médecine va s'accentuer, en contradiction avec l'idée de médecine personnalisée. L'impact du numérique est déjà fort, et le sera encore davantage, aussi bien pour la relation médecin-patient que pour la pratique médicale elle-même.

Parmi les questions éthiques abordées, on note l'aspect invasif de cette médecine personnalisée : le séquençage du génome risque de devenir obligatoire, le dossier médical deviendrait de plus en plus prédictif, la question de la propriété des données est déjà, et sera, essentielle... les assureurs en sont d'autant plus intéressés ! Comme les intervenants du colloque ne semblent pas croire aux régulations possibles (!), on note, ici comme ailleurs, un écart considérable entre le degré d'avancée des technologies (et de leurs promesses) et celui de l'étude de leurs conditions d'utilisation... avec un besoin évident de démocratie participative dans ce domaine.

Les technosciences : un nouveau rapport de l'homme à la technologie

Comme le dit l'un des promoteurs du mot « technoscience », celui-ci met en évidence d'une part « l'indissolubilité » des deux pôles « théorique » et « technique-opératoire » et, d'autre part, « le primat ultime de la technique sur la théorie[1] ». Dans cette interaction nouvelle entre science et technique, la technique apparaît à la fois comme finalité de la science mais aussi comme condition pour faire de la science. La frontière classique entre recherche fondamentale et recherche appliquée disparaît alors. « Connaître par le faire » est un leitmotiv important pour les technoscientifiques. Il ouvre à la liberté de l'expérimentation pour la connaissance mais il suppose aussi qu'il faut produire avant de comprendre vraiment le produit. Ainsi, les objectifs de connaissance scientifique et de production pour l'utilisation sont fortement intriqués. Quand ce « produit » est du vivant artificiel, on se doute que cela pose quelques difficultés éthiques !

Les nanobiotechnologies sont un bel exemple de cette intrication entre science et technique. Grâce aux microscopes à champ proche (qui permettent d'imager des objets à partir de la détection d'ondes confinées au voisinage de la surface de matériaux), on a pu mettre au point des nanomatériaux et faire de la nanoscience. Puis on a pu fabriquer des génomes artificiels, comme on l'a vu, en utilisant la génétique, les nanotechnologies et les techniques de simulation numérique. On copie la nature, on la modifie, on la reconstruit, on produit, on « fait de la science » sur ce produit (ce qui fait progresser la connaissance) et on revient à la technologie… générant une sorte de cercle vertueux d'innovations scientifiques et technologiques.

---

1. Gilbert Hottois, *Le Signe et la technique. La philosophie à l'épreuve de la technique*, Montaigne, 1984.

Les sciences étudient alors une « nature reconfigurée, voire fabriquée » grâce à la convergence NBIC. Les objets étudiés sont des artefacts, des produits de nos techniques instrumentales, ce sont des dispositifs, des « machines moléculaires ». On fait de la science et de la technologie avec le regard de l'ingénieur qui tente de simplifier les dispositifs et de les faire fonctionner de la manière la plus rentable possible (exemple du génome minimal). La nature devient en quelque sorte une « boîte à outils » pour les projets de l'ingénieur. On dit parfois que ce dernier « bricole » la nature, quitte à la rendre plus efficace en termes de production (accélération et optimisation des processus naturels, mise en place de nouveaux processus).

À partir de ces premiers produits, on nous promet souvent monts et merveilles, par exemple pour guérir des maladies génétiques. Et ces promesses thérapeutiques sont accompagnées de l'idée que, l'ingénieur simplifiant les dispositifs, ceux-ci seront bientôt disponibles à des prix imbattables, donc pour tous ! Mais entre promesses et réalisations, il y a de nombreux pas à franchir. Sans oublier que lorsqu'on produit du vivant, que celui-ci évolue, mute, dissémine, le contrôle de ces « produits » pose de nombreux problèmes à prévoir et à résoudre !

On comprend alors que cette technoscience (manière de faire des technosciences) remet en cause l'habituelle revendication d'autonomie de la science par rapport aux enjeux économiques et sociaux[1]. Le pilotage par l'économie (et

1. Bernadette Bensaude-Vincent, *Les Vertiges de la technoscience : façonner le monde atome par atome*, *op. cit.*, p. 37.

corrélativement la demande d'une partie de la société) est caractéristique de la technoscience. C'est pourquoi la prise en compte du « paradigme techno-économique » est si importante en éthique des technosciences, même s'il est toujours difficile car les données économiques manquent souvent lors des débats éthiques !

La phrase suivante du philosophe des sciences et des technosciences Alfred Nordmann résume bien les enjeux liés à la technoscience : « Si le business de la science est la représentation théorique éternelle et immuable d'une nature donnée, et si le business de la technologie est de contrôler le monde, d'intervenir et de changer la course naturelle des événements, la technoscience est un hybride où la représentation théorique devient inextricablement liée avec l'intervention technique[1]. »

Avec la technoscience, les critères de développement des innovations se posent en termes d'utilité et d'efficacité, de rentabilité et de marché (à court terme notamment, car on sait que la plupart des innovations d'aujourd'hui seront très vite dépassées). De nouvelles questions sur le sens du progrès et du développement technologiques surgissent alors au niveau de nos concitoyens. La difficulté de mise en place de débats citoyens dans ces domaines souligne combien des cultures différentes s'y affrontent sans forcément pouvoir

1. Alfred Nordmann, *Collapse of Distance : Epistemic Strategies of Science and Technoscience*, Copenhague, Danish Philosophical Association, mars 2006, http://www.uni-bielefeld.de.

réellement dialoguer. Il y a ici un véritable enjeu pour l'avenir de nos démocraties.

Enfin je voudrais revenir un instant sur les nanobiotechnologies sous l'angle du rapport au vivant que leur pratique induit. À travers elles, une nouvelle approche constructiviste du vivant émerge. S'appuyant sur une description de plus en plus fine des fonctionnalités du vivant à l'échelle moléculaire, les nouvelles biotechnologies cherchent non seulement à modifier le vivant naturel mais aussi à construire et élaborer de nouvelles voies apparemment non décrites dans la nature. Cette exploration de nouveaux possibles conduit à *assimiler le vivant à un moyen* au travers duquel s'exprime la créativité humaine. Ce regard, cette manière plus ou moins consciente de « voir le vivant » a une influence considérable sur les postures éthiques liées aux technosciences.

De plus, avec les NBIC, l'ingénieur du vivant développe de nouvelles nanoarchitectures du vivant selon une approche mécaniste des propriétés de la matière vivante. Cette posture de travail interroge elle aussi à frais nouveaux nos conceptions du vivant, entre héritage naturel et construction artificielle.

L'homme technicisé

En guise de conclusion de ce chapitre, je voudrais insister sur l'impact des sciences et technologies sur nos mentalités. On perçoit souvent l'impact des technologies sur la vie quotidienne en termes de moyens nouveaux, ordinateurs, Internet, réseaux sociaux, médecine personnalisée… On pense moins à la manière dont les technologies et leur usage modifient non seulement nos façons d'agir et d'interagir mais aussi nos manières de penser, y compris de « penser l'humain ». Prenons l'exemple des robots. Qu'ils soient humanoïdes ou pas, ils ont des fonctions (d'aide à des personnes âgées par exemple) qui impliquent une relation étroite avec les humains. Ils sont considérés « pas tout à fait comme une machine » tellement ils imitent l'être humain. Au Parlement européen, la commission des affaires juridiques travaillant sur le statut des robots prône ainsi dans son récent rapport[1] la création d'une « personnalité juridique » de ces robots (avec droits et devoirs). On parle même de « personne électronique » dans ce rapport, ce qui nous fait entrer dans une catégorie nouvelle ! Mais aussi, en contrepoint, on regarde les questions de sécurité physique des humains et, par là, de dignité humaine, afin de réglementer et d'harmoniser la cohabitation entre robots et humains. Ce simple exemple montre clairement combien les nouvelles technologies ont un retentissement non seulement dans notre vie, mais aussi sur nos mentalités et nos représentations de l'humain.

Le philosophe Jacques Ellul a pensé avec pertinence ce qu'il appelle le « système technicien[2] ». Il nous met notamment en garde contre ses dangers : il montre comment la

1. Parlement européen, site web, 31 mai 2016.

2. Jacques Ellul, *Le Système technicien*, Calmann-Lévy, 1977, Le Cherche midi, 2012.

technique est à elle-même son propre but. Les techniques modifient le rapport de l'homme (technicisé) au monde, le rapport à l'humain, le rapport à soi et aux autres. Ainsi, avec le numérique, on peut constater qu'un mode de relation fondé sur le jeu et sur l'immédiateté est favorisé par son utilisation, avec de réelles chances mais aussi de forts risques pour les relations humaines. L'homme transforme la nature avec les technosciences, ce qui le transforme lui-même en retour. Il doit alors s'interroger sur le sens de son action et prendre du recul par rapport aux mentalités que génère l'utilisation de ces technosciences. Ses géniales aptitudes techniques, notamment dans le domaine des technologies du vivant, appellent de grandes aptitudes morales pour un véritable développement durable au service de toute l'humanité.

Le concile Vatican II exprime ainsi cette vigilance dans ce texte, extrait de la constitution *Gaudium et Spes*[1] : « Le genre humain vit aujourd'hui un âge nouveau de son histoire, caractérisé par des changements profonds et rapides qui s'étendent peu à peu à l'ensemble du globe. Provoqués par l'homme, par son intelligence et son activité créatrice, ils rejaillissent sur l'homme lui-même, sur ses jugements, sur ses désirs, individuels et collectifs, sur ses manières de penser et d'agir, tant à l'égard des choses qu'à l'égard de ses semblables. » L'exercice du pouvoir humain à travers l'usage des technologies est une question éthique majeure.

Il est aussi particulièrement important, pour comprendre les enjeux et les questions anthropologiques posées à partir

1. Concile Vatican II, *GS* 4, § 2.

du développement des technosciences, de prendre en compte l'approche du philosophe Gilbert Simondon sur les objets techniques. Gilbert Simondon disait déjà en 1958 : « L'artificiel est du naturel suscité, non du faux ou de l'humain pris pour du naturel[1]. » À travers les technosciences, une nouvelle relation nature-artifice-culture apparaît. Pour Simondon, l'objet technique n'est pas donné dans la nature mais il n'est pas non plus étranger à la nature. L'opération technique met en jeu en effet les lois naturelles (l'artificiel comme naturel suscité). Les objets techniques habitent notre monde et sont « intermédiaires » entre le naturel et l'humain. Les machines constituent des « choses mixtes » dont la réalité opératoire est de l'artificiel animé autant que du naturel suscité. Le développement de la technicité conduit à nous mettre en relation avec des réalités hybrides qui peuvent être jugées comme remettant en cause la distinction fondamentale entre sujet et objet.

Simondon rappelle que la nature n'est pas immuable et que du coup il ne faut pas considérer l'artifice introduit par les technosciences comme un « signe de corruption ». Il insiste pour souligner qu'il ne faut pas séparer les structures des opérations dont elles sont le siège. L'artifice est davantage signe d'un processus et d'un devenir. Dans une telle perspective, les nanobiotechnologies n'appauvriraient pas la nature : elles tentent au contraire de lui donner de réaliser « tout le jeu des possibles ». Et la question surgit notamment

1. Gilbert Simondon, *Du mode d'existence des objets techniques*, Aubin, 1958, rééd. 2001.

avec les robots : l'objet technique correspond-il à un nouvel « état quasi naturel » qui apporte une différence radicale avec la machine classique ? Cette pensée mérite d'être travaillée, notamment pour aller au-delà des réactions spontanées liées à la dialectique « naturel-artificiel = bon-mauvais » dans notre société.

Je suis de ceux qui pensent que le développement des sciences et technologies peut continuer d'améliorer les conditions de vie de l'humanité et qu'il ne faut pas s'en priver. Ce mouvement fait partie du « génie de l'homme » et s'inscrit dans une vision de progrès. Mais de quel progrès justement ? Le questionnement en éthique des technologies, de l'intérieur des recherches des technoscientifiques, est aujourd'hui un point clé pour que l'homme technicisé prenne la mesure des transformations qu'il induit et des responsabilités que ce pouvoir lui donne. Il doit intégrer l'éthique des technologies à son travail de technologue, au pas à pas des évolutions des technosciences et non pas uniquement quand les produits techniques sont déjà largement diffusés. L'homme est ainsi convoqué au courage de l'action. Mais ce travail de l'éthique suppose de solides repères anthropologiques pour un véritable discernement dans l'usage des technologies comme un service du « bien commun », terme sur lequel nous reviendrons. D'où la recherche partagée dans cet ouvrage : quelle anthropologie pouvons-nous proposer à l'heure où l'homme « fabrique du vivant », à l'heure de l'homme augmenté par les technosciences ? Quel nouvel humanisme pourra porter la convergence de l'économie globalisée, du numérique et des technosciences en ce XXIe siècle ?

Le rôle de l'Europe dans la recherche d'un nouvel humanisme au temps des technosciences

Dans ce monde global, chaque continent a sans doute ses sagesses spécifiques à apporter au pot commun de la recherche d'un nouvel humanisme. Dans un discours marquant, reprenant des recherches effectuées en ce sens dans le monde entier, l'actuelle directrice de l'UNESCO a tracé des pistes en vue d'un « nouvel humanisme pour le XXIe siècle[1] ». Elle souligne qu'être humaniste aujourd'hui, c'est « pouvoir adapter la force d'un message ancestral aux exigences du monde moderne [...] dans un effort continu qui ne connaît pas de terme [...] ». Les humanistes posent « l'existence d'une communauté humaine qui s'étend de proche en proche à l'ensemble des hommes sur toute la surface de la terre [...] ». Des conflits peuvent prendre naissance sur des malentendus ou des oppositions, mais « ce qui nous rapproche est plus fort que ce qui nous différencie [...] Toutes les cultures du monde se rejoignent dans l'unité de la civilisation humaine ». Le fondement de cette communauté, ce qui la fait grandir et prospérer, les humanistes l'ont très vite compris, « c'est la culture, et pour mieux dire, ce sont les manifestations de l'esprit. Nous aurons toujours besoin de revenir aux sources de cet humanisme, de redécouvrir ce sens profond de la culture, de la nécessité de la communauté

1. Irina Bukova, site web de l'UNESCO, 22 octobre 2010.

humaine pour mener une vie accomplie. L'Acte constitutif de l'UNESCO ne dit pas autre chose : la paix et la prospérité ne peuvent être garanties par le seul jeu des arrangements économiques et politiques. Il ne peut y avoir de paix durable et de prospérité mondiale sans une coopération intellectuelle et morale de l'humanité ».

Le rôle de l'Europe dans cette recherche d'humanisme pour des « sociétés durables » n'est plus unilatéral (tant mieux !) mais reste néanmoins majeur. Comme de nombreux auteurs[1] le soulignent, l'Europe a inventé la modernité et la révolution industrielle. Avec d'autres continents, elle a largement contribué à l'« anthropocène », avec une aire d'influence grandissante de l'être humain sur la biosphère qui marque l'ensemble de la terre. Elle a cependant des ressources intellectuelles et spirituelles pour répondre, en interaction avec d'autres continents, aux défis impressionnants cités plus haut.

Le nouvel humanisme ici recherché correspond à la rencontre parfois en tension entre les traditions et la modernité : cette dernière correspond, pour Jacques Attali[2], à la responsabilité qu'a une société à penser son avenir comme progrès. L'Europe a connu de telles évolutions, avec l'humanisme judéo-gréco-chrétien, l'influence de l'islam, l'humanisme de la Renaissance et du siècle des Lumières en particulier.

1. Voir par exemple Pierre Calame, *Sauvons l'Europe*, blog personnel, 11 mars 2016.

2. Jacques Attali, *Histoire de la modernité*, Robert Laffont, 2003, p. 19.

Comment peut-elle assumer cet héritage en confrontation avec les nouveautés d'aujourd'hui, la globalisation, le numérique et les technosciences notamment qui changent nos mentalités ?

Comme le dit Julia Kristeva qui travaille à la rencontre de l'humanisme judéo-gréco-chrétien et de celui de la Renaissance et des Lumières : « Le moment est venu de reprendre les codes moraux immémoriaux : sans les affaiblir, pour les problématiser, en les rénovant au regard des nouvelles singularités. Loin d'être de purs archaïsmes, les interdits et les limites sont des garde-fous qu'on ne saurait ignorer sans supprimer la mémoire qui constitue le pacte des humains entre eux et avec la planète, les planètes. L'histoire n'est pas du passé : la Bible, les Évangiles, le Coran, le Rigveda, le Tao nous habitent au présent… Humanistes, c'est par la singularité partageable de l'expérience intérieure que nous pouvons combattre cette nouvelle banalité du mal qu'est l'automatisation en cours de l'espèce humaine. Parce que nous sommes des êtres parlant, écrivant, dessinant, peignant, musiquant, jouant, calculant, imaginant, pensant, nous ne sommes pas condamnés à devenir des "éléments de langage" dans l'hyperconnexion accélérée[1]. »

Cette recherche d'humanisme va plus loin qu'une éthique des droits de l'homme : l'humanisme recherché doit proposer « une ontologie historique dont la libre entreprise, la

---

1. Julia Kristeva, *Dix principes pour l'humanisme du XXIe siècle*, discours d'Assise, 27 octobre 2011, « Journée de réflexion, dialogue et prière pour la paix et la justice dans le monde ».

démocratie, l'individualisme ou le personnalisme sont des expressions économiques, politiques et culturelles. Les religions monothéistes et l'art européen en ont façonné l'âme[1] ». Dans cette « quête inachevée », l'« esprit de libre critique socratique et l'humanisme gréco-judéo-chrétien peuvent aider les peuples à promouvoir et discerner les progrès et les périls des sciences et technologies... Puisqu'il régule le lien entre tradition et innovation, l'humanisme aide à reconnaître quel avenir nous voulons pour l'humanité. Des défis éthiques plus difficiles peuvent être l'occasion d'unifier de manière plus profonde l'humanité confrontée à des questions nouvelles par le développement de la science et de la technologie[2] ». Et l'Europe peut mettre à disposition du monde entier ses richesses en ce sens.

---

1. Antoine Guggenheim, *Penser l'Europe*, Parole et Silence, 2014, p. 9-10.
2. *Ibid.*, p. 18-19.

2

De l'homme augmenté au transhumanisme

Que cherche-t-on à augmenter chez l'homme ?

Depuis que nos ancêtres ont commencé à se servir d'outils, à maîtriser le feu et à développer leur culture, on peut dire que « l'homme augmenté » est en marche ! Cette évolution est irréversible et la grande question est celle de l'orientation de cette évolution.

Ainsi parle-t-on en termes généralement positifs de l'augmentation de la durée de vie de l'homme sur terre. Bien qu'il existe de grandes disparités, l'espérance de vie moyenne dans les pays développés pourrait dépasser les cent ans d'ici 2300. C'est le résultat d'une mortalité infantile de plus en plus limitée, des progrès de la médecine et de la croissance du niveau de vie. À présent, grâce aux technosciences, on vise une augmentation de la durée de vie non seulement par des soins médicaux de plus en plus adaptés, mais aussi par l'amélioration de certaines capacités de l'homme, par le rajeunissement de cellules du corps, bref, par une transformation volontaire pour « maintenir l'homme en bonne santé physique le plus longtemps possible ». Et certains pensent qu'il n'y a plus de limites à cette visée, que le vieillissement lui-même peut être vaincu. Cette vision de l'homme n'est pas sans conséquences sur le type de société à venir.

En reprenant les exemples donnés dans le chapitre 1, on pourrait classer les moyens d'augmentation de l'homme en trois catégories. La première correspond aux dispositifs externes pour obtenir un accès à plus d'informations à tout moment, avec les ordinateurs et les objets connectés par exemple. La deuxième catégorie correspond aux prothèses intégrées au corps afin de rétablir une fonction détruite par un accident, de remplacer des tissus voire des organes ou d'augmenter une fonction avec des implants cognitifs par exemple. La troisième, celle qui inquiète le plus, concerne l'augmentation de capacités humaines qui vont se transmettre aux générations futures. Certaines pourraient fortement modifier l'espèce humaine comme ce serait le cas avec l'utilisation de CRISPR-Cas9 sur les cellules germinales humaines.

Lorsqu'on parle de l'homme augmenté dans le cadre des technosciences, on se focalise essentiellement aujourd'hui sur des fonctions biologiques, y compris au niveau cognitif. On sait que des animaux peuvent avoir des organes sensoriels plus développés que les nôtres. Améliorer la vision de l'homme, y compris dans les infrarouges et les ultraviolets, peut se concevoir techniquement aujourd'hui. De même pour l'odorat ou la perception des sons. Comme nous l'avons évoqué, on envisage aussi l'acquisition par l'humain de sens que certains animaux possèdent à un bien plus haut degré que lui, comme celui de l'orientation ou de l'écholocation. Il s'agit ainsi d'améliorer des capacités humaines soit en jouant directement sur la biologie, soit par hybridation, voire fusion homme-machine. L'homme implanté ayant incorporé des artefacts, des « neuropuces » électroniques par exemple, fait partie de ce premier type d'augmentation. Chercher à augmenter ces pouvoirs fonctionnels, physiques et cognitifs peut répondre à un besoin bien connu de dépassement de soi et de recherche de performance. Être plus fort, plus résistant, mais également disposer de plus de sens ultradéveloppés, de matériel neuronal et de mémoire pour traiter plus de données, constituent des perspectives de plus en plus recherchées pour le développement de l'homme augmenté.

Certains pensent alors pouvoir améliorer la « nature humaine » elle-même, c'est-à-dire arriver à une « humanité augmentée et pas simplement à un homme aux capacités physiques accrues », une humanité supérieure, voire une posthumanité, ce qui se distingue du premier type évoqué plus haut. Cela peut aller jusqu'à un homme libéré pour partie de son corps et ayant « versé sa conscience, son soi » dans une machine intelligente qui « gère » de manière plus performante cet héritage de l'homme lui-même. Enfin la visée d'amélioration peut aller jusqu'à celle d'un accomplissement de la personne humaine en vue d'un bonheur réel. À ce niveau-là, on ne se situe plus sur le terrain médical des soins. Justement le terme « anthropotechnie » désigne l'activité visant à modifier l'être humain, sans but médical, en intervenant sur son corps. L'homme cherchant ce type d'augmentation n'est plus un patient devant un médecin mais davantage un client devant un ingénieur du vivant. Il cherche non à se soigner mais à s'améliorer, voire à changer de statut.

Surgissent ici de grandes questions d'anthropologie, d'éthique et de droit. Quel sens donner à ces visées de l'homme augmenté, sachant qu'elles sont essentiellement fondées sur l'action des nouvelles technologies ? De nouveaux fantasmes à rejeter en bloc, ou des visées à retravailler dans un cadre anthropologique plus large ? C'est plutôt ce second volet qui nous préoccupera ici, non sans avoir rejeté quelques fantasmes déshumanisants.

Des technosciences qui fascinent et donnent le vertige

Les perspectives de l'homme augmenté par les technosciences peuvent à la fois fasciner et effrayer. Comment vivre de manière « humaniste » dans un monde marqué par de tels changements sociétaux ? Comment la société française et européenne va-t-elle s'adapter à ces changements tout en continuant de vivre selon les valeurs humanistes qui la fondent ?

L'économiste Jeremy Rifkin[1] analyse l'impact du changement rapide des sciences et technologies sur l'économie, le

1. Jeremy Rifkin, *La Troisième Révolution industrielle. Comment le pouvoir latéral va transformer l'énergie, l'économie et le monde*, Les liens qui libèrent, 2011, p. 196-197.

travail, la société et son avenir. Il souligne finement la fin de l'ère d'une économie fondée sur les énergies fossiles, sur le travail à temps plein et sur une gestion marchande classique du monde. Il nous invite à entrer dans ce bouleversement, dans une troisième révolution industrielle, en apprenant une nouvelle manière de vivre, de consommer, de travailler, mais aussi d'être au monde.

Dans cette même dynamique, l'ingénieur des télécommunications (et actuellement recteur d'université catholique) Pierre Giorgini[1] pense lui aussi que nous vivons actuellement une « transition fulgurante » qui est plus qu'une crise passagère : nous changeons de monde. Il nous faut en prendre conscience et adapter nos manières de penser et d'agir à ce nouveau monde en émergence. Et cela tout en nous nourrissant de valeurs clés sans lesquelles nous serions « un jouet du devenir ».

Ainsi, devant les bouleversements apportés par les technosciences présentées au chapitre précédent, de nombreux acteurs de la société et de nombreux auteurs réagissent. Ces réactions se situent dans un large éventail, entre fascination comme pour un film de science-fiction, fort intérêt pour les multiples applications, vertige devant les pouvoirs que les technosciences véhiculent, scepticisme devant les (trop) nombreuses promesses qu'elles génèrent, et rejet de ces nouvelles technologies vues comme trop dangereuses et déshumanisantes.

---

1. Pierre Giorgini, *La Transition fulgurante*, *op. cit.*, suivi de *La Fulgurante Recréation*, Bayard, 2016.

Parmi ceux qui se réjouissent de la contribution de ces technologies à l'amélioration de nos conditions de vie mais s'interrogent lucidement sur les chances et risques qu'elles réservent à l'homme, le journaliste Jean-Claude Guillebaud[1] en appelle à un principe d'humanité. Pour lui, de la course aux biotechnologies avec les manipulations génétiques aux tentations eugénistes, de la marchandisation du monde à la chosification de la vie, la même question, obsédante, se trouve posée jour après jour : saurons-nous encore définir – et défendre – l'irréductible humanité de l'homme ?

Le problème, pour Guillebaud, ne vient pas directement de la génétique ou des biotechnologies, mais plutôt de la prise de pouvoir sur ces sciences et technologies de logiques financières hors contrôle. Pour lui, les appels à la prudence et à la réflexion éthique ne pèsent pas lourd face au rouleau compresseur financier. Que devient l'homme dans tout cela ? L'homme est-il réduit à l'animal, descendu de son piédestal ? L'homme se réduit-il à la machine ? De plus, comme le disent Arthur Saniotis et Maciej Henneberg, « l'avènement des interfaces cerveau-machine force l'homme à redéfinir où se trouve son humanité ; cela peut brouiller la frontière entre l'homme et la machine[2] ». Le vivant, et l'homme notamment, se réduisent-ils à la chose, objet d'appropriation, de commerce et de profit ? Allons-nous vers

1. Jean-Claude Guillebaud, *Le Principe d'humanité*, Seuil, 2001 et *La Vie vivante*, Seuil, 2011.

2. Arthur Saniotis et Maciej Henneberg, *The Dynamic Human*, Bentham Books, 2016.

un *Homo novus* à l'aune du transhumanisme, ce courant de pensée né dans la Silicon Valley et qui prône l'homme augmenté par les nouvelles technologies ?

Se pose ici la question du transhumanisme et de son impact sociétal aujourd'hui. Le propos de mon livre n'est pas de faire une analyse détaillée de ce phénomène pluriel, mais d'en reprendre ici quelques éléments significatifs à partir de quelques auteurs pertinents. Ce courant est en effet signifiant d'une tendance qui n'est pas partagée par tous les technophiles mais qui marque déjà, plus profondément qu'on ne le pense en Europe, l'ensemble de notre société. On ne peut passer à côté de ce courant (ces courants) et de sa (leur) vision de l'homme si l'on veut proposer, comme c'est mon cas dans ce livre, une tout autre vision de l'humain au temps de l'homme augmenté par les technosciences !

À propos du transhumanisme

Les courants transhumanistes ont déjà fait l'objet de nombreuses études que je me contenterai ici de résumer, notamment à partir des analyses pertinentes de Jean-Michel Besnier[1], Laurent Alexandre[2], Franck Damour[3] et Luc Ferry[4].

---

1. Jean-Michel Besnier, *Demain les posthumains : le futur a-t-il encore besoin de nous ?*, Fayard, 2010.
2. Laurent Alexandre, *La Mort de la mort*, JC Lattès, 2011.
3. Franck Damour, *La Tentation transhumaniste*, Salvator, 2015.
4. Luc Ferry, *La Révolution transhumaniste*, Plon, 2016.

En 2003, le Britannique Max More, fondateur de « l'extropianisme » (philosophie qui se fonde sur la croyance en un progrès illimité de la science et de la technologie), écrivait : « Les transhumanistes étendent l'humanisme en mettant en question les limites humaines par les moyens de la science et de la technologie, combinés avec la pensée critique et créative. Nous mettons en question le caractère inévitable du vieillissement et de la mort, nous cherchons à améliorer progressivement nos capacités intellectuelles et physiques, et à nous développer émotionnellement. [...] Nous n'acceptons pas les aspects indésirables de la condition humaine. [...] Nous défendons l'utilisation de la science et de la technologie pour éradiquer les contraintes pesant sur la durée de vie, l'intelligence, la vitalité personnelle et la liberté[1]. »

Selon les tenants du transhumanisme, il est tout à fait légitime et souhaitable de chercher à augmenter les capacités physiques, psychiques et intellectuelles de l'homme. On pense ainsi au projet Calico, soutenu par Google, qui travaille à repousser les limites de l'espérance de vie. Il s'agit en effet pour les transhumanistes de repousser, voire de « transcender » les limites biologiques de l'homme grâce aux nouvelles technologies. Il est important non seulement de lutter contre les maladies avec les technosciences mais aussi d'en finir avec la maladie, la souffrance, le handicap, le vieillissement et ses contraintes et, pour certains, avec la mort ! Il

1. Max More, *Principes extropiens 3.0*, traduction française Transition pour Hache © mars 2003.

s'agit même, pour les transhumanistes, d'un impératif éthique d'amélioration de l'homme comme « inscrit dans la nature ».

Des tendances très diverses se retrouvent classées dans la nébuleuse transhumaniste. On observe une forme en apparence « relativement modérée » dans les propos de Humanity+, héritière de l'Association transhumaniste mondiale fondée en 1998 par le Suédois Nick Bostrom. Pour eux, l'homme a pris, grâce aux technosciences, les commandes de l'évolution en vue de l'avènement d'une posthumanité supérieure. Ils veulent favoriser « l'usage éthique de la technologie en vue d'étendre les capacités humaines » et, selon eux, c'est un devoir moral que d'explorer les voies d'amélioration des capacités physiques et cognitives de l'homme. Des formes plus « extrêmes » du transhumanisme se retrouvent dans les propos d'un Ray Kurzweil[1], cofondateur de l'Université de la Singularité en Californie et aujourd'hui embauché par Google. Il travaille à l'avènement d'un posthumain, d'une forme d'*Homo novus* qui transcende la biologie, par exemple avec une intelligence artificielle surpassant la nôtre. Pour lui, non seulement les humains deviendront beaucoup plus intelligents en fusionnant avec les nouvelles technologies, mais le temps vient d'un point de non-retour – c'est la fameuse Singularité – qui « baignera l'univers d'une intelligence détachée de ses origines biologiques et du cerveau humain » ! Une vision qui est loin de

1. Ray Kurzweil, *The Singularity Is Near : When Humans Transcend Biology*, Londres, Duckworth, 2006.

faire l'unanimité dans le monde scientifique, précisons-le, où d'aucuns qualifient ces « promesses scientifiques » de naïveté neurotechnologique.

La revendication d'humanisme de beaucoup de transhumanistes recouvre donc une certaine ambiguïté puisque l'advenue programmée des posthumains correspond à des hommes tellement augmentés qu'ils se transforment en êtres d'un autre ordre, et qu'ils ne sont plus vraiment humains ! Même si seuls les plus radicaux souhaitent l'émergence d'une nouvelle espèce, la conviction partagée des transhumanistes est que les technologies sont capables de « sauver » le génome (expression que j'ai plusieurs fois entendue lors d'un colloque aux États-Unis en 2015) et même de sauver une humanité « fatiguée » de ses limites, de la finitude et de la faillibilité inhérentes à l'homme. Nourris de futurisme, les transhumanistes cherchent souvent un « ailleurs », un autre monde où la contingence humaine serait réduite, voire supprimée.

L'idéologie transhumaniste inspire des programmes de recherche très avancés, avec beaucoup d'appuis financiers et une floraison d'initiatives comme dans la Silicon Valley. Google, avec Ray Kurzweil notamment, investit à la fois dans l'intelligence artificielle et les neurotechnologies mais aussi dans les biotechnologies et NBIC appliquées notamment à la médecine. Le transhumanisme englobe des idéaux de l'humanisme des Lumières comme le rationalisme, l'idée de progrès, la foi en la science et la destinée particulière de l'homme. Il prône un individualisme libéral à tous points de vue, tant économique que social, tant politique que moral.

Chaque individu doit pouvoir choisir les technologies qu'il désire et leurs effets d'augmentation de telle ou telle capacité. L'idéologie transhumaniste défend l'idée qu'il faut « laisser faire les technosciences » et que toute limitation en ce sens ne peut que freiner l'évolution de l'humain. L'État doit favoriser le financement des technosciences mais ne doit surtout pas se charger d'une quelconque régulation que seul le marché imposera. De plus, j'ai moi-même constaté que la moindre question d'éthique de sciences et technologies peut déclencher une forte suspicion de technophobie chez les interlocuteurs appartenant aux courants transhumanistes les plus radicaux ! La valeur absolue des sciences et technologies ne peut qu'être pour eux un bien pour le progrès de l'humain.

Il y a des liens directs entre le développement des idées transhumanistes et une vision individualiste de l'ultralibéralisme dans lequel le sujet est sans cesse appelé à se dépasser, à améliorer ses performances, dans une quête d'autoréalisation portée par un marché économique libre, en *self regulation*. Avec le transhumanisme, cette autoréalisation devient une autoamélioration où le focus est porté sur le développement des fonctions corporelles « réinventées » par les technologies. Le corps devient ainsi « matière à projets » ! Il est vu comme une somme de fonctions dont il s'agit de maximiser les performances. On le répare et on l'augmente en améliorant ses « pièces détachées ».

Franck Damour synthétise ainsi la vision du monde des transhumanistes de la Singularité : « Un monde global, sans nature ni culture unissant par les vertus du réseau l'animal au mécanique et à l'humain, le vivant au non-vivant, un vaste pays à l'énergie infinie, sans conflit psychique, aux corps sportifs, diététiques, choisis, sculptés, connectés et immédiats. Un monde d'hommes sans âge, qui vivront comme des dieux[1]. »

Il s'agit de prendre conscience, à travers le phénomène du transhumanisme, d'un changement qui touche toute la société actuelle, au-delà des transhumanistes : nous sommes en train de passer d'un idéal humaniste d'émancipation de l'humain par l'amélioration de ses conditions de vie sociale et politique à un idéal individualiste d'augmentation de l'humain par les technosciences[2]. L'idée que les technosciences soient directement au service des désirs humains, les plus nobles comme les plus fous, fait donc son chemin. De fortes inquiétudes sur les dangers de ce changement de vision ont été récemment exprimées par des personnalités reconnues qui travaillent elles-mêmes avec passion dans les domaines de l'intelligence artificielle : le physicien Stephen Hawking, le fondateur de Microsoft, Bill Gates, et l'ingénieur Elon Musk, P-DG de Space X.

1. Franck Damour, *La Tentation transhumaniste*, *op. cit.*, p. 45.
2. Nicolas Le Dévédec, *La Société de l'amélioration. La perfectibilité humaine des Lumières au transhumanisme*, Liber, 2015.

Ma propre position devant le transhumanisme

L'intérêt de commencer par les visées transhumanistes est d'une part de mettre en garde contre une vision utilitariste des technosciences qui comporte de nombreux éléments déshumanisants (comme une vision très mécaniste de l'homme sur fond de capitalisme ultralibéral) et, d'autre part, d'exacerber les pièges de l'idolâtrie envers les technosciences dont certains acteurs (et non pas tous, loin de là !) prétendent qu'elles peuvent « sauver l'humain » ! Ma première réaction peut ainsi s'exprimer : il faut résister à cette vision au nom même d'une idée de la science et de la technologie au service de l'homme, sans rejeter les technosciences, mais en proposant une autre vision véritablement humaniste pour bien vivre au temps des technosciences.

Dans cet état d'esprit, soulignons deux traits majeurs des visées transhumanistes qui me paraissent dangereux pour l'homme lui-même. Le premier est lié à la croyance grandissante que les technologies vont libérer l'homme de ses difficultés (« sauver le génome » pour « sauver l'humanité »), le libérer de ses limites, pour certains jusqu'à la dernière qu'est la mort… grâce à une capacité de calcul des machines et des simulations numériques elles-mêmes sans limites ! Et le second qui s'en déduit : l'idée s'installe que l'homme qui cherche depuis toujours à dépasser ses limites pourrait, grâce aux technosciences, légitimement envisager de penser son existence en termes de « *no limit* » (la singularité et la promesse d'immortalité par exemple) au nom même de l'évolution dont il a pris la conduite !

Cet « horizon extrême de la singularité », qui est loin d'être l'apanage de la majorité des chercheurs (ni même de tous les transhumanistes), influence cependant une manière de penser l'humain et sa contingence (à laquelle il faudrait échapper) qui touche toute la société. Cette évolution a déjà des conséquences éthiques sur ce qu'est une vie digne aujourd'hui : dignité et performances biologiques deviennent de plus en plus liées. C'est à ce niveau-là notamment que des formes dangereuses de réductionnisme, voire d'eugénisme, peuvent intervenir dans notre société. Il nous faut donc être très vigilants, aussi bien au sujet des risques que les technosciences peuvent présenter en termes de modifications génétiques irréversibles et de tentation d'eugénisme, qu'en termes d'influence sur les mentalités et sur une vision de l'homme qui se répand dans toute la société.

Nous l'avons vu, la vision de l'évolution scientifique et technologique proposée par les transhumanistes est contestée par de nombreux scientifiques et technologues. Nombreux sont ceux qui mettent en doute par exemple la capacité des scientifiques à créer un jour une vie entièrement artificielle. Beaucoup de promesses telles que celle de « sauver le génome » méritent plus de modestie, au nom même de la démarche scientifique qui sans cesse découvre la complexité du vivant. Or, à ce jour, l'ingénieur qui « fabrique du vivant » à l'aide des NBIC réduit fortement la complexité de celui-ci, en ne le considérant que sous son angle mécaniste. Cette réduction se comprend parfaitement dans le cadre de son travail. Mais il n'est pas honnête de laisser croire que cette approche, déjà pourtant performante, soit suffisante pour « créer du vivant ».

Il en va de même avec les robots humanoïdes et les machines intelligentes capables en effet d'apprendre, de parler, de réagir en détectant des émotions chez les humains. Attention de ne pas mélanger la simulation d'émotion ou de conscience avec les capacités humaines. Tout est ici calculé et simulé, au sens mathématique. La croyance que « penser, c'est calculer » est, comme nous l'avons dit, fort réductrice, notamment depuis que les neurosciences elles-mêmes ont mis en évidence des liens entre les émotions et la pensée rationnelle. Ainsi en est-il de l'approche de l'intelligence artificielle (IA) aujourd'hui vis-à-vis de la conscience humaine. Cette IA définit la conscience en termes de comportement que les machines vont tenter d'imiter, voire de dépasser. Il s'agit ici de ce que la langue anglaise nomme par le mot *awareness*, forme de conscience permettant d'interagir avec l'environnement. Cette forme est bien différente de la *consciousness* qui éprouve ce qui est. S'il est normal que l'IA s'intéresse à la première forme de conscience, il ne faudrait pas pour autant réduire la conscience humaine à ce seul aspect et la « vider » de sa dimension d'intériorité et de profondeur. Or c'est la tendance forte des courants transhumanistes. Sans nier que les répercussions de cette vision réductrice se répandent bien au-delà des cercles transhumanistes, il existe aujourd'hui des scientifiques et des philosophes qui mettent en garde contre ces réductions. C'est aussi le rôle des comités d'éthique qui se multiplient de nous alerter en ce sens, ainsi que des projets de recherche européens en éthique, par exemple dans le cadre du programme H2020.

Il me semble pourtant essentiel de ne pas polariser le débat de l'homme augmenté sur les seules visées transhumanistes, ni de « mettre dans le même panier » tous les courants technophiles. L'homme a cherché de tout temps à augmenter ses capacités et son pouvoir d'action sans forcément devenir un « Frankenstein », même si le risque n'est jamais exclu. Il en est de même avec les technosciences. Certes leurs pouvoirs touchent maintenant la nature de l'homme, comme nous l'avons dit, ce qui rend encore plus nécessaire une forte vigilance éthique et un sens aigu de la responsabilité. Mais je pense qu'une très grande majorité de chercheurs en technosciences n'entre pas dans les vues transhumanistes. Et qu'ils ne sont pas obligés de succomber à la « tentation transhumaniste » ! L'homme augmenté ne conduit pas systématiquement au transhumanisme, si je puis ainsi m'exprimer. Ces visées transhumanistes sont en fait contestées aussi bien par des scientifiques et technologues que par nombre de philosophes et de personnalités des sciences humaines et sociales. Même les premiers sont loin de partager toutes les « promesses » des technosciences, dont celle du fantasme de l'immortalité qui occupe si fortement l'esprit des responsables de l'Université de la Singularité.

Il serait donc très préjudiciable de travailler sur l'éthique des technosciences en se centrant uniquement sur les positions transhumanistes, et en favorisant en retour une attitude technophobe négative. Devant le poids de plus en plus considérable des technosciences dans notre société, il est urgent de repenser l'humain en intégrant les découvertes technoscientifiques, pour proposer un (nouvel ?) humanisme permettant de vivre de la manière la plus éthique possible au temps des technosciences. C'est aussi ce défi que nous lancent, par ricochet, les transhumanistes.

Ne pas confondre liberté et toute-puissance

La croyance transhumaniste en la toute-puissance des technosciences est une idéologie qui, en fait, nous parle d'un humain certes augmenté dans certaines fonctionnalités mais plutôt simplifié, robotisé et finalement diminué car quelque peu standardisé à partir de fonctions à optimiser. Cette toute-puissance affichée est censée garantir un accomplissement de l'homme et de sa liberté. Cette vision qui confond toute-puissance technologique (tout serait possible grâce à elle) et liberté correspond à un humanisme bien limité ! Il n'est pas difficile de s'en rendre compte en considérant l'histoire déjà évoquée de l'athlète sud-africain Pistorius. Notre corps possède non seulement une dimension physique mais aussi une dimension affective complexe. Penser contrôler ces deux dimensions, notamment en supprimant la souffrance ou en augmentant la mémoire, est un leurre facile à dénoncer… De plus, les artistes savent mieux que d'autres que « tout contrôler » rend la vie triste, tout en favorisant bien souvent la barbarie. Les psychologues nous montrent aussi que l'éducation qui ne cherche qu'à parfaire la maîtrise sans accéder au sens et à la responsabilité pour poser des choix engageants et solidaires est plus qu'incomplète. Il y va du « sel de la vie » !

Je pense aussi au témoignage des médecins spécialistes du traitement de la douleur. Ils savent bien qu'il y a un saut entre la douleur ressentie par le patient et l'intensité de la cause physique de cette douleur. Ils nous invitent à ne pas confondre douleur et nociception, cette dernière s'intéressant au processus sensoriel à l'origine du message nerveux qui provoque la douleur. On constate aisément qu'une émotion ou une intense concentration peut modifier l'intensité de la douleur ressentie dans un sens ou dans un autre. Il ne s'agit donc pas que d'un simple effet physique, mais de processus complexes qu'une « augmentation » focalisée sur les fonctionnalités ne suffit pas à intégrer. L'humain est complexe et les visions purement mécanistes le simplifient en l'appauvrissant bien souvent. Les scientifiques et personnels de la santé le constatent tous les jours !

De plus il y a comme un paradoxe entre le leitmotiv de « laisser faire l'évolution des technologies » et le désir de construire un homme augmenté. On se demande quelle liberté de décision peut être atteinte dans cette tension : l'homme est censé être sauvé par une machine qui le dépasse alors qu'elle est fabriquée par lui. Dans un tourbillon de nouveautés technologiques qu'il ne peut maîtriser, l'homme augmenté se retrouve sous haute surveillance : empreintes génétiques, données génétiques, puces RFID et autres dispositifs d'identification.

Cette question de la liberté de l'homme au temps des

technosciences rejoint aussi celle du « pouvoir d'être soi-même » que le philosophe Jürgen Habermas propose pour évaluer l'impact des biotechnologies[1]. Il nous rappelle qu'introduire ces nouvelles technologies chez l'homme affecte à la fois le pouvoir que nous avons d'être nous-mêmes et notre relation à autrui. On peut penser à l'impact d'implants cérébraux sur l'évolution de la personnalité des « hommes ainsi augmentés ». Que ces implants puissent affecter la personnalité de l'individu atteint d'une maladie de Parkinson n'a pas le même impact éthique que lorsqu'ils sont utilisés pour augmenter les capacités cognitives d'une personne en pleine santé physique. Le principe de moindre mal que la réflexion éthique a l'habitude d'utiliser ne résonne pas de la même manière dans l'un et l'autre cas. Où est la liberté de l'homme « en pleine santé » et ainsi augmenté ! Là aussi l'homme augmenté par des implants ne risque-t-il pas de devenir un homme diminué d'une partie du pouvoir d'être soi, même s'il devient plus performant au niveau cérébral ?

L'idée de « dépassement de soi » ne date pas d'aujourd'hui. Elle est à la base de bien des systèmes éducatifs. Les machines intelligentes peuvent aider l'homme dans cette perspective. Mais les éducateurs qui nous ont réellement éclairés dans l'aventure humaine sont ceux qui nous ont responsabilisés en nous apprenant que la relation à l'autre est un lieu capital de croissance humaine, que l'altérité est une chance pour devenir soi. Si l'altérité de l'homme est

1. Jürgen Habermas, *L'Avenir de la nature humaine, vers un eugénisme libéral ?*, Gallimard, 2002.

essentiellement celle de la machine intelligente ou de l'automate qu'il a lui-même fabriqué selon ses désirs, peut-on encore parler d'altérité créatrice ? Le dépassement de soi par cette voie est comme amputé d'une dimension essentielle qui est celle de la relation : recevoir de l'autre différent, partager une recherche, apprendre au pas à pas dans le quotidien, d'homme à homme, dans des relations sociales qui humanisent. Une anthropologie solide est plus que jamais nécessaire pour fonder une éthique des technosciences au service du bien commun et de la liberté de l'homme.

Accepter la condition humaine pour un juste usage des technologies

Le dépassement de soi passe souvent par l'acceptation de notre condition humaine avec ses erreurs, ses faiblesses, sa fragilité, sa vulnérabilité et même ses échecs. Cette acceptation n'est pas passive : apprendre à corriger ses erreurs est souvent source de progression, traverser les échecs en y accueillant une force intérieure pour changer est l'un des lieux les plus forts du mûrissement et de l'accomplissement humain. Les technologies peuvent nous aider sur ce chemin, par exemple en soulageant nos maux physiques. Elles ne remplaceront pas cette force qui vient de l'intérieur de l'homme qui, même blessé ou fragilisé, manifeste une puissance de vie souvent insoupçonnée. Cette riche complexité de l'humain sera d'ailleurs un élément clé de nos propositions pour vivre un nouvel humanisme au temps des technosciences.

La volonté d'augmenter l'homme peut être marquée par une sorte de rejet plus ou moins conscient de sa « précarité », de sa contingence, y compris biologique. L'homme est une merveille fragile, et nous pouvons tous être désemparés devant nos fragilités car il n'est jamais simple de vivre avec elles et celles des autres. Devant cette difficulté, l'illusion de puissance des technologies peut tenter les insatisfaits de la condition humaine. Mais à quel prix ! Au prix de nier la condition humaine tout en prétendant l'améliorer ?

De plus, quel regard peut être porté sur la personne handicapée si l'idéal est essentiellement d'être augmenté dans ses fonctionnalités physiques et cognitives ? Il y a toute chance que ce regard devienne déshumanisant et inhumain, conduisant à classer les humains en catégories et degrés d'humanité et de dignité, ce qui est déjà le cas dans certains cercles. La tentation de l'eugénisme déjà évoquée resurgit ainsi fréquemment, notamment avec les nouvelles biotechnologies aujourd'hui. Au contraire, en recevant le témoignage de tant de personnes dites « valides » cheminant avec des personnes handicapées, chacun peut entrer dans une profondeur humaine qu'aucune technologie ne pourra jamais donner par elle-même. Ainsi, entendre le philosophe Jean Vanier[1] ou le scientifique Xavier Le Pichon[2] raconter comment ils ont découvert, grâce aux personnes

1. Jean Vanier, *Accueillir notre humanité*, Presses de la Renaissance, 1999.

2. Xavier Le Pichon, *Aux racines de l'homme*, Presses de la Renaissance, 1997.

handicapées avec lesquelles ils vivent dans la communauté de L'Arche, des dimensions de profondeur de l'humain qu'ils ne soupçonnaient pas, est un véritable « antidote » à la tentation eugéniste. Et cela n'a rien à voir avec un quelconque rejet des technologies : il s'agit davantage d'une ouverture pour mieux situer le rôle des technologies dans une « amélioration » de la vie humaine qui soit au service des différentes dimensions de l'humain et non pas focalisée sur une performance physique. C'est l'objectif de ce livre que d'explorer cette question délicate.

Dans le sens de l'acceptation de la condition humaine, intervient le délicat sujet de la mort, de notre condition mortelle. L'illusion de toute-puissance, même devant la mort, que prônent certains courants transhumanistes peut devenir elle-même « mortifère » ! L'immortalité est même parfois présentée comme un droit. Pourtant vie et mort sont intimement liées dans toute l'évolution biologique. Dans un livre remarquable[1], l'actuel président du CCNE (Comité consultatif national d'éthique), Jean-Claude Ameisen, montre comment la mort cellulaire en biologie permet de faire émerger la forme et la complexité du vivant. Nous sommes chacun constitués de milliards de cellules en interaction et qui ont toutes le pouvoir de s'autodétruire, de se « suicider ». Leur survie dépend de leur capacité à percevoir les signaux qui empêchent leur suicide. Cette fragilité est pourtant source d'une étonnante puissance qui permet à notre corps

1. Jean-Claude Ameisen, *La Sculpture du vivant. Le suicide cellulaire ou la mort créatrice*, Seuil, 1999.

de se reconstruire en permanence. Mort et vie des cellules participent ainsi à « sculpter le vivant », ce qui est indispensable pour son évolution. Mort et vie permettent le perpétuel renouvellement de la nature. Et Ameisen parle même de « mort créatrice », tout en indiquant combien un dérèglement de cet équilibre entre mort et vie cellulaire peut être cause de maladies. Voilà un nouveau regard sur les liens entre mort et vie… que les tenants de l'immortalité feraient bien de méditer. Voilà un nouveau lien entre complexité et vulnérabilité du vivant, sur lequel nous reviendrons plus loin.

Une société « immortelle » risquerait de se figer bien vite, avec également une augmentation du nombre d'individus difficile à gérer ! Nier la mort revient en partie à nier la vie et toute véritable nouveauté. Jacques Lacan, dans une conférence donnée le 13 octobre 1972 à l'université de Louvain, expliquait que la mort nous aide à vivre. Si la vie était sans fin, l'homme deviendrait fou ! Peut-être même deviendrait-il incapable d'aimer à cause d'un « déni de limite », d'un déni de vulnérabilité. Chacun sait cependant qu'il est possible de « se donner la mort », et que cela révèle la plupart du temps des conditions de non-liberté éprouvées par la personne qui se suicide. L'approche de la mort est certainement un moment extrêmement pénible à vivre, mais l'expérience de l'accompagnement des personnes en fin de vie montre combien ces moments difficiles sont aussi source de vie reçue et donnée. La mort est une grande épreuve à traverser mais n'est pas une erreur à rectifier ou une défaite de l'humain. Bien au contraire. La mortalité apparaît du reste comme un privilège de l'humain chez les Grecs. Cela ne l'empêche pas d'avoir un « désir d'éternité » qui ne nie pas la mort mais qui l'envisage comme « passage ». Le fantasme de l'immortalité ici-bas conduit ainsi à nier des éléments clés de la vie, comme la fragilité, la vulnérabilité et la résilience.

Cette courte méditation à partir du déni de la mort que certains courants transhumanistes véhiculent nous fait rebondir sur les limites de la condition humaine. L'affranchissement de nos limites d'homme est souvent vu comme lieu d'une liberté à conquérir. Pourtant la vie et les épreuves qu'elle comporte nous mettent souvent « en face de nos limites ». Ainsi, dans la maladie ou lors d'un accident, nous éprouvons que notre corps est une « somme de limites ». La rééducation et le chemin de guérison sont des voies pour les dépasser, ce qui est bien normal. Le philosophe et médecin Georges Canguilhem dit que « l'homme est donc ouvert à la maladie non par une condamnation ou par une destinée mais par sa simple présence au monde[1] ». Comme si la maladie était une trace de son « être au monde », d'une vulnérabilité qui est le propre de ce qui est en vie. Il lui faut le « courage d'être » pour intégrer sa finitude et traverser l'épreuve.

L'expérience de la fragilité peut provoquer des phases d'effondrement, forme d'expériences limites qui nous font découvrir un nouvel espace dans lequel nous ne savons plus qui nous sommes et qui pourtant ouvre à une extériorité à travers laquelle nous pouvons grandir. Dans cette expérience, nos limites ne sont pas seulement l'objet d'un travail

1. Georges Canguilhem, *Écrits sur la médecine*, Seuil, 2002, p. 88-89.

pour les repousser. Ce sont elles qui nous travaillent et ouvrent un espace créateur. Combien de fois ai-je vu des personnes découvrir dans ces « espaces limites » un nouvel élan pour aimer leurs proches avec lesquels elles avaient pourtant eu bien des déboires ! Certains découvrent aussi dans ces épreuves une relation à l'infini qui les habite, à un Dieu qui les rejoint jusque-là. Il ne s'agit pas pour autant de faire l'apologie de l'épreuve, certainement pas. Mais de constater qu'elle peut ouvrir un nouvel espace de créativité qui fait grandir l'homme, expérience dont se prive celui qui nie les limites humaines ou veut s'en affranchir.

Nous le savons, l'homme a toujours cherché à transgresser les limites et à entrer dans une sorte de tentation prométhéenne, parfois alimentée par le pouvoir que lui donnent les sciences et technologies. Cette forme de démesure peut avoir de graves conséquences comme nous pouvons aussi le constater dans le domaine de l'écologie par exemple. S'il y a en effet quelque chose en l'homme qui le pousse à transgresser les limites, il y a aussi en lui une angoisse existentielle que la négation des limites révèle bien souvent. Ce refus de la limite, ce « *no limit* » de certains transhumanistes par exemple, loin de nous ouvrir à la liberté et de nous émanciper, nous déshumanise. C'est ce que montre très bien le jeune « veilleur » Gaultier Bès dans son livre au titre provocateur pour les transhumanistes, *Nos limites. Pour une écologie intégrale*[1]. Il montre comment le refus des limites nous

1. Gaultier Bès, *Nos limites. Pour une écologie intégrale*, Centurion, 2014.

précarise, nous déracine et nous fait perdre notre identité, en particulier lorsque nous entrons dans le fantasme de l'homme autoconstruit. Face aux rêves démiurgiques de l'humanité, il préconise, avec bien d'autres, une éthique de la sobriété choisie, fondée sur une conscience amoureuse de notre finitude. Il insiste pour préciser que seule la reconnaissance de notre propre vulnérabilité, de nos propres limites, permet la solidarité, afin de respecter toutes les fragilités et de sortir d'une vision marchande de la vie qui confond rentabilité et dignité. « N'y a-t-il d'autre voie que cet impérialisme de l'artificiel qui nous mène tout droit au "meilleur des mondes" d'Huxley ? » s'exclame-t-il, tout en affirmant que le travail sera long pour sortir des slogans qui nous vendent un monde sans limites en nous berçant d'illusions et en flattant notre ego !

Travailler sur nos limites pour les accepter, apprendre à les gérer voire à les dépasser, est tout autre chose que de penser un « *no limit* » dévastateur. C'est l'un des enjeux majeurs de tout système éducatif qui cherche le bonheur des personnes insérées dans la société et « citoyens du monde ».

Mais devant les évolutions rapides des technosciences, peut-on penser une éthique de la sobriété ? Ou bien sobriété et progrès technique sont-ils incompatibles ? Peut-on penser une éthique de la limite qui intègre les technosciences pour le service de l'homme et d'une société pratiquant l'« écologie intégrale » de Gaultier Bès et du pape François dans l'encyclique *Laudato Si* que nous reprendrons plus loin ? C'est dans cette dernière recherche que je me situe, en sachant qu'il y a de nombreuses personnes non chrétiennes qui cherchent aussi dans cette direction.

Une éthique de la limite est-elle possible ?

« L'éthique est le mouvement même de la liberté qui cherche une vie bonne, dans la sollicitude envers autrui et dans un juste usage des institutions sociales », disait Paul Ricœur[1]. Selon cette approche, on peut envisager une « éthique de la limite » correspondant à des choix posés en vue d'une vie bonne et d'une équité sociale. Encore faut-il se mettre d'accord sur ces deux expressions et les prendre vraiment en compte dans une recherche collective du « bien commun ».

La notion philosophique de bien commun a été largement travaillée dans l'histoire. En Occident, Thomas d'Aquin précise que le but de la communauté politique (au sens de la cité) est de faire naître l'homme à lui-même en l'aidant à atteindre le « bien vivre » et le « bonheur de vivre ensemble ». Le bien commun, dans le langage courant, correspond à l'idée d'une « orientation partagée » par une communauté humaine vers un bonheur collectif en prenant conscience de l'existence d'un patrimoine commun. On pourrait dire ainsi que la Terre est notre patrimoine commun (pas si simple d'en prendre conscience du reste !) et que cette considération nous « oblige » tous à en prendre

1. Paul Ricœur, *Soi-même comme un autre*, Seuil, 1990.

soin, là où nous sommes, en lien avec l'ensemble de la planète dans sa diversité. Ce bien commun va donc plus loin que l'idée généralement répandue qu'il s'agit de ce qu'une majorité de personnes choisirait de vivre aux dépens d'une minorité qui n'aurait pas obtenu les 50 % de voix nécessaires pour l'emporter lors d'un référendum par exemple. Il est à la fois le bien de la communauté dans son ensemble et ce qui permet à chaque personne de mener une vie pleinement humaine. Tous doivent y trouver des conditions d'existence épanouissantes : nourriture, famille, éducation, logement, libertés, y compris religieuse. Il concerne tous les hommes et toutes les dimensions de l'homme. Il est l'ensemble de conditions sociales qui vont permettre à la communauté et à chaque membre d'atteindre son « développement intégral », l'État sauvegardant les droits et devoirs.

Une telle vision correspond à une liberté « élargie » par rapport à la vision du « je fais ce que je veux quand je veux ». La liberté apparaît ici comme personnelle mais aussi communautaire ; elle suppose la relation sociale et l'appartenance à une communauté de vie repérée et motivante. Il s'agit de travailler au bien de tous et de chacun, dans une solidarité qui rend chacun responsable de tous, pour sa part. C'est l'homme « être de relation » qui est au cœur de cette vision du « bien commun ». Cette posture est différente d'un individualisme souvent prôné aujourd'hui dans la société libérale et qui minimise le lien social. Cet individualisme favorise une vision utilitariste (des technosciences par exemple) et autorégulée par le marché, sans nécessité de prendre en compte un véritable bien commun qui donne un sens communautaire. On voit pourtant surgir aujourd'hui des groupes qui réclament ce sens commun pour faire face à l'accélération des technologies qui font peur lorsqu'elles ne sont pas justement situées dans une visée de service d'un bien commun. Il ne s'agit pas de remettre en cause les technologies en elles-mêmes, mais il est nécessaire de situer leur utilisation dans des perspectives de construction de la « maison commune », pour reprendre une expression chère au pape François dans son encyclique *Laudato Si*.

On peut cependant avoir l'impression « réaliste » que rien n'arrête ni n'arrêtera le développement des sciences et des technologies, sur fond de marché économique mondial. Si certains pays mettent des limites éthiques au développement de telle ou telle technologie, il s'en trouvera toujours d'autres pour avancer sans se soucier de ce problème. Ainsi un moratoire sur les manipulations génétiques avait-il été décidé à Asilomar en 1975 afin d'éviter que des bactéries génétiquement modifiées puissent se disperser dans l'environnement. Ce choix a été fait dans le souci du bien commun, en fixant une limite permettant d'avancer dans de meilleures conditions de sécurité pour tous. Mais ce moratoire n'a pas été respecté longtemps, vite remplacé par des conditions de précaution, elles-mêmes loin d'être suivies partout. Du reste on entend souvent dire qu'il ne faut pas mettre de limites à la recherche scientifique (qui a besoin de liberté), juste une forme d'encadrement, comme c'est le cas dans certains pays comme la France pour la recherche sur l'embryon humain. Ainsi, alors que certains pays occidentaux tentent de « mettre des limites » aux recherches sur l'embryon humain, d'autres les libéralisent au maximum au nom même d'une connaissance scientifique qu'on ne peut limiter… et sans doute aussi en raison de quelques aspects économiques et d'une forte concurrence internationale !

D'aucuns ajoutent que les limites d'un moment seront de toute façon dépassées très vite, ce que confirment les évolutions en bioéthique dans les pays occidentaux. Enfin, devant la concurrence économique, un pays peut-il choisir, au nom de l'éthique, de ne pas développer telle technologie, laissant ainsi la place à d'autres qui ne demandent pas mieux ?

Pourtant, comme le rappelait déjà en 1979 le philosophe Hans Jonas : « La soumission de la nature destinée au bonheur humain a entraîné par la démesure de son succès, qui s'étend maintenant également à la nature de l'homme lui-même, le plus grand défi pour l'être humain que son "faire" ait jamais provoqué[1]. » Dans son éthique de la responsabilité, Hans Jonas reprend l'impératif catégorique de Kant dans la perspective de protéger les générations futures : « Agis de façon que les effets de ton action soient compatibles avec la permanence d'une vie authentiquement humaine sur Terre[2]. » Un tel avertissement résonne tout particulièrement au temps des technosciences.

1. Hans Jonas, *Le Principe responsabilité, une éthique pour la civilisation technologique* (1979), Cerf, 1997, p. 13.

2. *Ibid.*, p. 55.

Ainsi, dans le domaine de l'écologie aujourd'hui, est-il concevable de laisser la production de gaz à effet de serre se développer sans limites, avec toutes les conséquences climatiques que nous décrit le GIEC (Groupe d'experts intergouvernemental sur l'évolution du climat) ? La récente COP 21 semblait indiquer une prise de conscience mondiale de l'urgence du problème et de la mise en place de solutions effectives pendant qu'il est encore temps de réagir. Faut-il attendre qu'une catastrophe s'annonce, avec déjà des signes avant-coureurs, pour que des limites soient posées ? On sait que la « survie » conduit souvent le vivant à évoluer… certes, mais faudra-t-il attendre que l'humanité en soit arrivée à cette extrémité ?

On pense souvent que les limites posées au nom d'une éthique sont d'abord des contraintes, voire des obstacles au développement et à la liberté. Cela peut en effet être le cas lorsque l'attitude éthique se veut uniquement défensive au nom de peurs plus ou moins irrationnelles. Ces peurs sont à prendre en considération, mais c'est le groupe humain qui, au nom du bien commun qu'il s'est fixé et qui lui tient à cœur, choisit de poser des limites qui ne sont plus uniquement défensives, mais servent le chemin d'accomplissement du bien commun. Dans le cas des questions climatiques débattues à la COP 21, le groupe humain est l'humanité tout entière qui, voulant préserver sa planète et les conditions de vie de tous les peuples, se donne des limites, au nom de ce bien commun, au nom du patrimoine commun que sont la Terre et le climat. Ce point est essentiel : l'éthique doit être fondée sur une recherche de bien commun. Dans les expériences de recherche d'une éthique en coconstruction au sein de consortiums comme TWB et Metagenopolis déjà évoqués, le rôle du « philosophe embarqué » est justement d'être catalyseur pour qu'émerge un bien commun, et, à partir de lui, que la communauté de travail, en interaction avec la société, se donne les limites nécessaires pour aller vers la réalisation de ce bien commun. Tout un travail bien sûr !

« La limite n'est pas ce où quelque chose cesse, mais bien, comme les Grecs l'avaient observé, ce à partir de quoi quelque chose commence à être », dit Heidegger[1]. L'être humain se sait mortel et cette limite est celle à partir de laquelle il construit sa vie en exerçant sa liberté qui lui permet d'« aménager » son espace et son existence. Les hommes ont toujours marqué leur territoire comme garantissant leur sécurité et l'exercice de leur liberté. La limite n'est donc pas uniquement synonyme de privation : elle peut aussi permettre une liberté. De même, respecter la « limite » que m'impose l'autre qui a le même droit de vivre et d'être heureux que moi, quel qu'il soit, est un gage de justice dans la société, donc d'ouverture à la liberté.

Si les courants de la *deep ecology* entrent selon moi dans une technophobie néfaste, il est en revanche intéressant de se pencher sur les nouveaux courants dans lesquels une « éthique de la limite » se fait jour. Le sociologue Denis Duclos[2] par exemple analyse les phénomènes qui ouvrent

1. Martin Heidegger, « Bâtir, habiter, penser », dans *Essais et conférences*, traduit de l'allemand par André Préau, Gallimard, 1958, p. 184.

2. Denis Duclos, *De la civilité, ou comment les sociétés apprivoisent la puissance*, La Découverte, 1993.

une porte en ce sens, comme le choix de consommateurs qui se mettent tout d'un coup à « bouder certains marchés » pour des raisons éthiques, obligeant en quelque sorte les industries visées à prendre en compte les revendications de ces « rebelles ». Une « éthique de la civilité » se met ainsi en place, en réaction justement à l'absence de limites dans la culture occidentale d'aujourd'hui. Il semble alors possible de construire une nouvelle culture à l'intérieur de laquelle des limites puissent être posées, des limites choisies, comme c'est le cas dans les groupes qui ont fait leur le concept d'écologie intégrale (notion sur laquelle nous reviendrons plus loin).

La récente revue d'écologie intégrale, du nom de *Limite* justement, défend un esprit de sobriété pour faire face à la démesure contemporaine, notamment technoscientifique. Sur son site Internet, on peut lire : « Nous voulons promouvoir une écologie intégrale qui se fonde sur le sens des équilibres et le respect des limites [...]. Science des interactions et des conditions d'existence, l'écologie ne saurait choisir ni l'humain contre la nature, ni la nature contre l'humain. Parce que “tout est lié”, elle doit chercher au contraire à réconcilier respect absolu de la dignité humaine et préservation de la biodiversité. Promouvoir l'écologie intégrale, c'est donc reconnaître qu'on ne saurait défendre l'une sans protéger l'autre, se soucier des plus fragiles sans s'opposer à tout ce que nos modes de vie peuvent avoir de dégradant et d'aliénant. Car la détérioration de notre environnement ne peut entraîner que notre propre déshumanisation. Sauvegarder notre maison commune, c'est à la fois renoncer au fantasme libertaire de l'homme autoconstruit, et à la folie libérale d'un monde illimité. »

Une éthique de la limite de la toute-puissance des technosciences peut être pensée, non pas en déniant leur intérêt, mais en le situant dans une recherche du bien commun à partir duquel des valeurs de base sont reconnues comme essentielles pour « bien vivre ensemble ». Des réactions en ce sens commencent à se faire jour dans certains milieux d'innovations. Ainsi, les 9es Rencontres nationales des directeurs de l'innovation, le 14 juin 2016 à Paris, avaient pour thème : « Des innovations pour une vie meilleure », innovations humanistes dans un monde digitalisé. Des intervenants à la pointe de l'innovation dans les domaines du numérique, de la biologie, des matériaux et des systèmes s'y exprimaient. Leurs propos étaient illustrés par le témoignage de vingt-cinq entreprises et organisations engagées. Le constat de départ est la mise en évidence d'un écart qui s'est creusé depuis plusieurs années entre les attentes profondes de la société et les innovations qui lui sont proposées. Devant les « attentes insatisfaites », l'objectif des entreprises engagées est de proposer des produits et services innovants qui ont pour caractéristique commune d'améliorer de façon très significative la vie d'un grand nombre de personnes (thème de l'*inclusive innovation* pour une « réelle » amélioration de la vie quotidienne prenant en compte l'utilité sociale en concertation avec les clients potentiels). Dans les interventions, on peut constater la prise de conscience publique que l'amélioration de la qualité de vie ne découle pas automatiquement du progrès technologique alors qu'elle doit être affirmée comme objectif premier de l'innovation. Se dessine ainsi la figure d'un possible progrès technologique plus « humano-centré » que « techno-centré ». Ce souhait de « décentrage » ou de « recentrage sur l'humain » est notamment le fait d'entreprises qui prônent une « économie du partage », soulignant que le paradigme « techno-économique » joue un rôle primordial en la matière. En ce sens on comprend qu'elles affirment que le potentiel reste considérable pour des innovations à très forte « valeur humaine ajoutée » grâce aux nouvelles technologies.

Enfin, comme illustration des effets positifs de la prise en compte des « limites écologiques », on peut citer ici le nouveau domaine de la bioéconomie, alliant « chimie verte » et économie circulaire, afin d'éviter de détruire davantage les écosystèmes. Ainsi, l'élaboration industrielle de thermoplastiques biodégradables et compostables a vu le jour en termes d'économie circulaire, avec le retour des plastiques d'origine biosourcée à la terre. Les industries qui se lancent dans ces directions considèrent les limites écologiques comme une véritable opportunité économique et mettent alors « le pouvoir des limites » au fondement de leur « *business model* ». Une éthique de la limite peut ainsi favoriser l'innovation technologique.

L'arbre de la connaissance du bien et du mal

Pour entrer dans la recherche d'une éthique de la limite de la toute-puissance des technosciences, il faut tenir compte du fait que l'Occident est encore fortement marqué par des interprétations très discutées de l'épisode de l'arbre de la connaissance du bien et du mal dans la Bible (Genèse, chap. III). Cet épisode a donné lieu à bien des débats autour du « péché originel » et de ce que l'on appelle « la chute » d'un humain pécheur chassé de l'Éden. De plus, il est souvent compris comme la marque d'un Dieu qui refuserait à l'homme l'accès à la connaissance de peur de voir en lui un « concurrent ». Cette vision est simpliste. Sans entrer dans les détails d'un passage biblique complexe qui fait toujours l'objet d'études, on peut donner quelques pistes de réflexion en rapport avec nos questions d'éthique.

L'humain et l'humaine du jardin d'Éden vivent dans ce que l'on peut appeler un état d'« innocence » au sens fort d'une relation de confiance totale avec leur Créateur, pouvant manger de tous les arbres du jardin, arbre de vie compris, sauf de l'arbre de la connaissance du bien et du mal (du bon et du mauvais). Ils ne connaissent donc pas le bien et le mal et vivent en communion totale avec Dieu. Ils sont libres car ils ne connaissent pas la division, ni avec Dieu, ni entre eux, ni en eux. Ils sont libres d'aimer et d'être aimés ; même s'ils peuvent faire des erreurs, celles-ci ne les coupent pas de la relation vivante avec leur Créateur et entre eux. Ils accomplissent ce qui est juste, car ils sont dans la justice divine. Ce que l'on appelle le premier péché correspondra à la réponse de l'humain et de l'humaine à la tentation du serpent. Sous l'effet de cette tentation, ils vont comme se « délier » de leur relation à Dieu. Ils vont se

« laisser embarquer » par la tentation fourbe du serpent et prendre une distance avec Dieu.

Après qu'ils ont mangé le fruit de l'arbre de la connaissance du bien et du mal, le « fruit défendu », l'humain et l'humaine « surent qu'ils étaient nus » nous dit le texte (Gen. III, 7). Comment comprendre cette nudité dont ils prennent conscience alors ? N'est-elle pas le signe de l'expérience de l'extrême fragilité de l'homme qui découvre la division en lui, qui se retrouve livré à lui-même, en pleine confusion, en pleine ambiguïté, se pensant parfois autosuffisant dans ses choix de vie mais se rendant compte alors qu'un « trouble » l'habite[1] ? Ayant perdu l'« innocence » que leur donnait la relation de confiance avec le Créateur, l'homme et la femme vont devoir assumer leur responsabilité, ballottés entre le trouble, la confusion, l'ambiguïté, la souffrance voire l'enfermement sur soi, et la recherche difficile d'une conscience morale qui leur était inconnue[2]. C'est ce que le Créateur leur dit longuement (Gen. VIII, 22). Puis il les chasse du jardin d'Éden et rend désormais inaccessible à l'homme l'accès à l'arbre de vie gardé par des chérubins. Il les envoie cultiver le sol d'où l'humain a été façonné, mais il les revêt aussi de tuniques de peau, signe que Dieu ne les abandonne pas. L'homme (homme et femme) entre ainsi

1. Thèse de Vincent Grégoire-Delory, en cours, portant sur ce trouble originel de l'homme et son influence vis-à-vis des questions d'éthique des sciences et technologies aujourd'hui.

2. Jean-Marc Rouvière, *Adam ou l'innocence en personne*, L'Harmattan, 2009.

dans le grand combat de l'existence tel que nous le connaissons. À partir du moment où l'homme entre dans la connaissance du bien et du mal, il est devant une responsabilité éthique forte qui nécessite un discernement difficile où il oscillera entre tentation de se prendre pour la seule référence (autosuffisance de l'homme, avec tous ses dangers) et ouverture à l'Alliance avec Dieu pour se laisser ajuster à l'Amour. La leçon du jardin d'Éden peut se résumer ainsi : lorsque l'homme prétend découvrir les secrets du bonheur et du malheur par lui-même, sans référence à l'Alliance, il s'engage immanquablement sur des fausses pistes. Ainsi le deuxième livre de Samuel confirmera que les rois d'Israël peuvent bien décider du bien et du mal, mais d'après les normes divines et non pas d'après leurs propres désirs.

« L'homme moderne est celui qui désormais connaît le goût de la tentation et sa possible suite infernale, qui sait le vertige de ces situations où il peut se perdre ou se maintenir[1]. » Entre rester « autocentré » ou vivre la communion que Dieu continue de lui proposer, l'homme expérimentera une tension qui pourra le conduire au meilleur comme au pire, qui le conduira aussi à vivre la responsabilité dans tous ses paradoxes, pour « choisir le bien et renoncer au mal ». Il éprouvera également qu'il ne fait pas toujours le bien qu'il voudrait mais qu'il peut faire le mal qu'il ne voudrait pas (saint Paul aux Romains, VII, 19). Il fera lui-même l'expérience qu'il y a en lui une prédisposition au mal mais aussi une ouverture encore plus fondamentale au bien. Nier ou

1. *Ibid.*, p. 40.

minimiser les différentes formes de mal auxquelles l'homme est affronté serait irréaliste. Au passage, n'oublions pas qu'une partie de l'humanisme d'un Albert Camus s'est forgée à partir de l'engagement de l'homme dans la lutte contre le mal, en pleine conscience des limites de sa condition humaine.

Il ne s'agit pas ici pour Dieu de limiter la connaissance intellectuelle, scientifique par exemple, de l'homme. Du reste, dans une vision magnifique, Basile de Césarée pensait déjà au IVe siècle que l'homme pouvait « pénétrer dans l'atelier de la création divine » et qu'il avait ainsi accès au *logos entekhnos*, à la raison « industrieuse » de Dieu [1]. Mais si l'homme veut vivre selon l'Alliance avec Dieu, il devra faire des choix qui vont dans le sens de cette Alliance créatrice et poser ainsi des limites constructives de sens et non pas défensives. « La technique s'inscrit donc dans la mission de cultiver et de garder la terre [Gen. II, 15] que Dieu a confiée à l'homme, et elle doit tendre à renforcer l'alliance entre l'être humain et l'environnement appelé à être le reflet de l'amour créateur de Dieu », écrit le pape Benoît XVI [2]. Et il ajoute : « Le développement technologique peut amener à penser que la technique se suffit à elle-même, quand l'homme, en s'interrogeant uniquement sur le comment, omet de considérer tous les pourquoi qui le poussent à agir. C'est pour cela que la technique prend des traits ambigus. Née de la créativité humaine comme instrument de la liberté

1. Basile de Césarée, *Homélie 49*, Sources chrétiennes.
2. Benoît XVI, *Deus Caritas Est*, n° 69-70.

de la personne, elle peut être comprise comme un élément de liberté absolue, liberté qui veut s'affranchir des limites que les choses portent en elles-mêmes. » Le risque est alors de confondre le vrai avec le possible et le faisable. Le véritable développement n'est pas d'abord centré sur le « faire » avec comme seuls critères de vérité l'efficacité et l'utilité. Il faut donc une intelligence qui saisisse le sens pleinement humain du « faire » et de ses conditions.

Dans ce discernement et ce combat pour la liberté, nous retrouvons la célèbre phrase de Paul dans l'épître aux Corinthiens (VI, 12) : « Tout m'est permis, mais tout ne me convient pas. » À la problématique classique du « permis-défendu », Paul réplique en termes de discernement de ce qui va dans le sens de la vie avec Dieu pour la croissance de l'homme, dans une dynamique d'existence, dans une visée du « bien commun ». Cela rejoint la grande question de l'éthique : tous les possibles sont-ils souhaitables ? Pour reprendre l'épisode de l'arbre de la connaissance du bien et du mal, on peut dire : vouloir réaliser et faire l'expérience de tous les possibles (pas seulement les envisager) avant de discerner en vue du bien commun, c'est déjà s'approprier le vivant et la vie, avec tous les risques de destruction que cette attitude peut comporter. Au contraire, entrer dans une recherche de bien commun et discerner en conséquence constitue la grandeur de l'homme responsable, posant des choix qui peuvent se traduire en termes de limites de sa toute-puissance. La présente réflexion s'appuie sur des textes bibliques pour rejaillir bien au-delà du cercle des croyants : elle nous parle de la condition humaine et de l'exercice de la responsabilité, quelles que soient les spiritualités et les visées de bien commun.

Dans le « tout est permis mais tout n'est pas bon » se dessine ainsi la liberté de l'homme qui choisit de poser des limites pour son bonheur, dans un travail toujours difficile et toujours à recommencer de génération en génération. Le « *no limit* » des transhumanistes, avec le fantasme de « la mort de la mort » dès ici-bas, apparaît en contrepoint comme appauvrissant la liberté de l'homme sur cette terre. Niant ses limites, mais aussi sa condition mortelle, il nie alors quelque chose de sa liberté et de sa responsabilité. Chacun sait combien la condition mortelle de l'homme peut, pourtant, l'amener à un haut degré de conscience, d'amour et d'intelligence. C'est souvent devant la vulnérabilité et la mort que l'homme se révèle à lui-même et aux autres. Supprimer cette limite de mortel revient à déshumaniser l'homme, comme nous l'avons évoqué plus haut. Ce qui ne signifie aucunement que l'homme ne doive pas lutter contre les maladies et handicaps en utilisant les nouvelles technologies notamment. Mais avec quelle liberté et quelle responsabilité personnelles et collectives ?

L'homme peut-il devenir le « designer » de son évolution ?

La thérapie génique est l'une des entreprises les plus prometteuses de la science pour le bien de l'humanité, mais elle nécessite des précautions particulières. Lorsqu'on modifie une cellule humaine somatique (non germinale), les modifications ne concerneront que la personne en question. Il faudra donc une validation scientifique du projet de modification, une évaluation du rapport bénéfices/risques, une éthique des risques (peut-on revenir ou pas en arrière en cas d'évaluation négative dans le temps ?) et le consentement éclairé de la personne concernée. Il n'en est pas de même avec les cellules germinales pour lesquelles les modifications se transmettraient à la descendance. La situation est alors complexe : non seulement en termes d'irréversibilité de transmission mais aussi en termes de modifications futures par les facteurs épigénétiques (qui prennent en compte les effets d'interactions entre les gènes et d'autres facteurs de l'environnement comme les conditions de vie). Le principe de précaution est donc vraiment de mise !

Nous avons vu au chapitre précédent comment la méthode CRISPR-Cas9 permet d'insérer, de retirer et de corriger l'ADN de façon simple et efficace. Pour beaucoup de scientifiques, cette méthode puissante va révolutionner le traitement des maladies génétiques chez l'homme en apportant de manière efficace les corrections nécessaires aux « gènes mutés » chez les malades et peut-être aussi en éradiquant les erreurs génétiques des lignées germinales par modification des gamètes et des embryons humains. Tout en se réjouissant de ces progrès techniques spectaculaires, plus que jamais une réflexion éthique et métaphysique doit accompagner leurs développements. Et c'est à travers l'exemple de cette technique et de ses utilisations possibles que je propose de réfléchir au pouvoir de l'homme sur son propre patrimoine génétique.

La réflexion éthique est déjà engagée. Le comité international de bioéthique de l'UNESCO rappelle, dans un avis datant d'octobre 2015[1], que l'utilisation de CRISPR soulève en effet de grandes inquiétudes en ce qui concerne l'ingénierie du génome humain. Le comité a demandé un moratoire « sur les techniques d'édition de l'ADN des cellules reproductrices humaines afin d'éviter une modification contraire à l'éthique des caractères héréditaires des individus, qui pourrait faire resurgir l'eugénisme ». En effet, si la technique est prometteuse, car elle « ouvre des perspectives pour traiter voire guérir certaines maladies de façon simple et efficace » comme la mucoviscidose et certains cancers, elle peut aussi donner par exemple la possibilité de modifier l'ADN humain pour « déterminer la couleur des yeux du bébé ». De plus, si elle est appliquée à la lignée germinale humaine en introduisant des modifications héréditaires, celles-ci seraient ainsi transmises aux générations suivantes. On peut du reste se demander ici s'il ne faudrait pas mettre au point un statut particulier pour les cellules germinales, qui ne peuvent pas être traitées comme de simples « choses ».

En plus des questions éthiques posées lorsque CRISPR est employé sur des embryons humains sélectionnés après fécondation in vitro, le grand danger est donc bien lié à son utilisation sur les cellules germinales, avec des modifications transmissibles aux générations futures. De graves conséquences peuvent intervenir si, en même temps que la correction génétique cherchée, est transmise une erreur, toujours

1. Site web de l'UNESCO, 5 octobre 2015.

possible avec les méthodes d'édition de gènes. De plus, là aussi, on peut envisager d'utiliser CRISPR-Cas9, qui est apparemment relativement simple et accessible aux laboratoires, pour chercher non pas à éradiquer une maladie mais à « augmenter des capacités humaines ». Utiliser CRISPR pour tenter une ultime possibilité de guérir une maladie grave, pourquoi pas. L'utiliser pour sélectionner ou « augmenter l'humain » selon ses propres désirs (voire fantasmes) est autre chose : jusqu'où l'homme peut-il être le designer de sa propre évolution ?

Le président du CCNE, Jean-Claude Ameisen, s'est lui aussi prononcé à titre personnel en faveur d'un moratoire[1] pour la thérapie germinale. Il est également prudent sur les effets secondaires « hors cible » concernant l'application de CRISPR-Cas9 sur les cellules somatiques (comme les inventeurs de CRISPR du reste). Cette dernière application est pourtant reconnue comme intéressante et ne posant pas de gros problèmes éthiques, avec possibilité de correction d'anomalies génétiques à l'origine de graves maladies. Ameisen est même très réservé pour l'application sur le vivant non humain, considérant que « l'absence de traçabilité et le *gene-drive* [...] posent des problèmes majeurs en termes de sécurité et d'écologie ». Mais il constate aussi, de manière réaliste, qu'une « régulation internationale sera d'autant plus difficile à établir que la technique est peu coûteuse et facile à réaliser » !

De plus, il est important de réfléchir à un autre niveau

1. *Science & Santé*, n° 31, Nicolas Rigaud, mai-juin 2016.

avant d'avancer de manière irréversible dans l'utilisation de CRISPR-Cas9. Sous l'égide du Conseil de l'Europe, la Convention d'Oviedo[1], ouverte à la signature depuis 1997 et ratifiée à ce jour par vingt-neuf pays dont la France (mais pas par le Royaume-Uni, les États-Unis et la Chine), stipule dans son article 13 qu'une « intervention ayant pour objet de modifier le génome humain ne peut être entreprise que pour des raisons préventives, diagnostiques ou thérapeutiques et seulement si elle n'a pas pour but d'introduire une modification dans le génome de la descendance ». Elle est le seul instrument juridique contraignant au niveau international pour la protection des droits de l'homme dans le domaine biomédical. Est-ce suffisant ?

Le génome humain n'appartient pas à la science et aux scientifiques, ni à aucune nation ou organisation internationale. L'homme peut-il ainsi s'approprier le génome humain comme une « chose manipulable à souhait » ? Peut-il s'approprier le vivant comme une marchandise, le breveter en le faisant entrer dans le système marchand, le redéfinir selon ses vues, en particulier pour le vivant humain ? L'histoire de l'humanité montre tant d'exemples négatifs d'appropriation de l'homme par certains hommes ! Des décisions aussi importantes que l'utilisation de CRISPR-Cas9 sur l'embryon humain et les cellules germinales doivent être prises devant

1. Convention pour la protection des droits de l'homme et de la dignité de l'être humain à l'égard des applications de la biologie et de la médecine : Convention sur les droits de l'homme et la biomédecine, 1997, http://www.coe.int/en/web/conventions/full-list/-/conventions.

l'humanité entière. Mais par quelles instances mondiales démocratiques ?

Le 2 juin 2016, vingt-cinq auteurs américains ont publié un article dans la revue *Science* annonçant leur mobilisation pour synthétiser *in extenso* les 6 milliards de nucléotides du génome humain. (Les nucléotides sont les éléments de base de l'ADN. Leur enchaînement détermine la succession des bases dans l'acide nucléique, ce qui constitue le message génétique.) Parmi ces auteurs figure le très célèbre biologiste George Church qui avait publié en 2012 un livre au sous-titre évocateur : *Comment la biologie de synthèse va réinventer la nature et nous-mêmes* ! Les auteurs visent, à travers ce projet, de nouveaux progrès dans la santé humaine : thérapie génique avec des lignées cellulaires thérapeutiques ou résistantes aux cancers par exemple. Ils disent leur volonté de s'inscrire dans une démarche d'innovation responsable. Mais ce projet suscite évidemment beaucoup d'interrogations et un bon nombre de biologistes et de philosophes demandent une vraie réflexion collective au niveau éthique avant d'aller plus loin. Fabriquer un génome humain devient envisageable aujourd'hui, seulement treize ans après avoir séquencé ce génome ! Mais avec quels objectifs et quels droits de propriété ? « Pour fabriquer des enfants sans parents biologiques ? » questionnent certains…

Non, l'homme ne peut pas devenir le « designer » de sa propre évolution sans entrer dans des risques très conséquents et très incertains pour l'avenir même de l'humanité. Du reste, au-delà de la question morale, on peut se demander si l'on peut comprendre quelque chose au vivant et à la vie si on ne commence pas par accueillir leur dynamisme propre. La vie se reçoit avant d'être éventuellement artificialisée. Nous ne sommes pas notre propre origine, nous sommes le résultat d'une histoire qui nous précède et d'un environnement qui agit sur nous.

Certes, ce n'est pas « jouer à Dieu » que de s'ingénier à produire des éléments ou des systèmes biologiques nouveaux, dans la mesure où l'on garde le souci de respecter une création confiée « à l'intelligence et à la responsabilité morale de l'homme », et où l'on se laisse toujours orienter par la recherche du bien commun de l'humanité[1]. Mais dans son encyclique *Laudato Si* (n° 122), le pape François rappelle que lorsque « l'être humain se met lui-même au centre, il finit par donner la priorité absolue à ses intérêts de circonstance et tout le reste devient relatif. Par conséquent il n'est pas étonnant qu'avec l'omniprésence du paradigme technocratique et le culte du pouvoir humain sans limites se développe chez les personnes ce relativisme dans lequel tout ce qui ne sert pas aux intérêts personnels immédiats est privé d'importance ». Nous retrouvons ici la problématique si forte de l'arbre de la connaissance du bien et du mal, de la déviation toujours possible lorsqu'il y a appropriation par l'homme des biens qui lui sont confiés en gérance, alors qu'il est invité par Dieu lui-même à « entrer dans l'atelier de la création divine » pour être cocréateur au souffle de l'amour !

1. *Compendium de la doctrine sociale de l'Église*, § 473.

Se dégage ici un critère pour l'utilisation des biotechnologies sur l'humain, critère relatif aux buts poursuivis par cette utilisation : la technologie sera-t-elle utilisée pour le service de la vie ou pour son appropriation par l'homme ? Cette question est surtout cruciale lorsque les biotechnologies sont utilisées sur l'humain, car modifier un végétal ou une bactérie n'apparaît pas du même ordre de gravité, même si une solide réflexion éthique doit toujours accompagner ces modifications. Ainsi, comme nous l'avons vu, la réparation d'une anomalie génétique sur des cellules somatiques humaines grâce à CRISPR-Cas9, en ayant défini une éthique des risques adéquate, pourra devenir un service de la vie lorsque cette technologie sera « sécurisée ». Mais la tentation transhumaniste de vouloir modifier l'humain pour l'augmenter selon nos propres désirs par cette même technique doit être passée au crible de ce que cette volonté humaine véhicule comme pouvoir d'appropriation et non plus comme service de la vie. Ainsi, « fabriquer » un enfant sur mesure en modifiant les cellules germinales ou l'embryon humain en conséquence, alors qu'aucune maladie n'est en jeu, relève de cette dangereuse volonté d'appropriation de la vie. Cette dernière n'est plus reçue dans sa gratuité mais elle est alors asservie par les désirs de l'homme. Et suivant le degré d'asservissement, on peut rejoindre les tentatives eugéniques dont le passé nous montre les graves égarements.

3

Les technosciences au crible de l'écologie intégrale

Nous avons déjà évoqué le concept d'*écologie intégrale* avec Gaultier Bès au chapitre 2. Le pape François a repris cette expression dans l'encyclique *Laudato Si* (*LS*), « Sur la sauvegarde de la maison commune », encyclique qui a « fait l'événement ». Publiée en juin 2015, elle eut (et continue d'avoir) un grand retentissement, notamment lors de la COP 21 en France, aussi bien pour les catholiques que pour beaucoup de responsables politiques et d'organismes internationaux dans le monde entier. Elle reprend en effet un enjeu majeur pour l'avenir de notre planète : on parle aujourd'hui de l'anthropocène, l'ère où l'homme moderne laisse une empreinte négative durable et irréversible sur la nature. Elle apporte un regard global qui met en interaction des aspects technologiques, environnementaux, sociaux et politiques. François s'inscrit lui-même dans les pas de ses prédécesseurs. Après Paul VI parlant d'une exploitation inconsidérée de la nature, Jean-Paul II d'une écologie humaine authentique et Benoît XVI du livre de la nature unique et indivisible, François part des problèmes du climat qu'il considère comme « un bien commun à tous » : « Le changement climatique est un problème global aux graves répercussions environnementales, sociales, économiques, distributives et politiques, et constitue l'un des principaux défis actuels de l'humanité » (*LS* 25).

Il montre de manière nouvelle comment « tout est lié » : « L'environnement humain et l'environnement naturel se dégradent ensemble, et nous ne pouvons pas affronter adéquatement la dégradation de l'environnement si nous ne prêtons pas attention aux causes qui sont en rapport avec la dégradation humaine et sociale » (*LS* 48). Il fait un lien entre « la clameur de la Terre » et la « clameur des pauvres » (*LS* 49). C'est de ce constat que le concept d'écologie intégrale tirera sa légitimité.

Tout au long de cette encyclique, le pape pose de nombreuses questions d'éthique des technologies. Tout en soulignant l'aspect positif des nouvelles technologies, il pointe du doigt le « paradigme techno-économique » : « Il devient indispensable de créer un système normatif qui implique des limites infranchissables et assure la protection des écosystèmes, avant que les nouvelles formes de pouvoir dérivées du paradigme techno-économique ne finissent par raser non seulement la politique mais aussi la liberté et la justice » (*LS* 53).

Dans ce chapitre, nous allons donner d'abord quelques éléments essentiels de cette encyclique, en nous focalisant sur les parties qui abordent les questions des nouvelles technologies. Nous verrons comment la notion d'*écologie intégrale* peut éclairer les questions d'éthique et d'anthropologie que la révolution technoscientifique suscite. Nous illustrerons ces propos avec les enjeux majeurs de la bioéconomie aujourd'hui. Puis je présenterai une interview sur ces thèmes d'un ingénieur télécom très impliqué dans la présente réflexion, qui reprendra bien des enjeux soulevés par le texte du pape et ouvrira à de nouvelles recherches de manières de vivre et de travailler pour le service de l'humanité.

Quelques points saillants de l'encyclique Laudato Si *par rapport aux technosciences*

Devant l'urgence des questions climatiques notamment, et faisant le lien entre crise écologique et crise sociale, le pape invite à repenser complètement l'idée de progrès. « Il ne suffit pas de concilier en un juste milieu la protection de la nature et le profit financier, ou la préservation de l'environnement et le progrès... il s'agit de redéfinir le progrès. Un développement technologique et économique qui ne laisse pas un monde meilleur et une qualité de vie intégralement supérieure ne peut pas être considéré comme un progrès » (*LS* 194). Ce progrès, pour lui, ne se confond pas avec la croissance, avec un accroissement de puissance technologique, avec l'accumulation de richesses matérielles et avec l'augmentation du PIB, sans pour autant négliger ces facteurs.

C'est dans son analyse de la racine humaine de la crise écologique (chapitre III de *Laudato Si*) que le pape, tout en insistant sur l'importance et l'intérêt des technosciences, critique le « paradigme technocratique » qui est actuellement en vigueur dans les pays riches. « La technoscience, bien orientée, peut produire des choses réellement précieuses pour améliorer la qualité de vie de l'être humain (*LS* 103). [...] Mais nous ne pouvons pas ignorer que l'énergie nucléaire, la biotechnologie, l'informatique, la connaissance de notre propre ADN et d'autres capacités que nous avons acquises, nous donnent un terrible pouvoir. Mieux, elles donnent à ceux qui ont la connaissance, et surtout le pouvoir économique d'en faire usage, une emprise impressionnante sur l'ensemble de l'humanité. Jamais l'humanité n'a eu autant de pouvoir sur elle-même et rien ne garantit qu'elle s'en servira toujours bien » (*LS* 104). Le pape pense qu'il manque souvent à l'homme l'éducation nécessaire pour faire un bon usage du pouvoir technologique et techno-économique. Il lui manque souvent une éthique solide, une culture et une spiritualité pour assumer un véritable progrès de la qualité de vie avec le développement des technologies et de l'économie.

L'intervention humaine sur la nature s'est toujours vérifiée au cours de l'histoire. Mais il s'agit maintenant « d'extraire tout ce qui est possible des choses par l'imposition de la main de l'être humain qui tend à oublier la réalité même de ce qu'il a devant lui. Voilà pourquoi l'être humain et les choses ont cessé de se tendre amicalement la main pour entrer en opposition. De là on en vient facilement à l'idée d'une croissance infinie ou illimitée, qui a enthousiasmé beaucoup d'économistes, de financiers et de technologues. Cela suppose le mensonge de la disponibilité infinie des biens de la planète qui conduit à la presser jusqu'aux limites et même au-delà des limites » (*LS* 106).

François souligne la tendance, pas toujours consciente, de faire de la méthodologie et des objectifs de la techno-science un paradigme de compréhension qui conditionne la vie des personnes et le fonctionnement de la société. Ce cadre conditionne les modes de vie et n'oriente pas toujours les responsabilités sociales dans le sens de la liberté et de la diversité. « Le paradigme technocratique est devenu tellement dominant qu'il est difficile de faire abstraction de ses ressources, et il est encore plus difficile de les utiliser sans être dominé par leur logique. C'est devenu une contre-culture de choisir un style de vie avec des objectifs qui peuvent être, au moins en partie, indépendants de la technique, de ses coûts, comme de son pouvoir de globalisation et de massification » (*LS* 108). Et le pape souligne le risque de domination qui se joue dans la science et la technique, au-delà de son utilité et du bien-être qu'elle peut contribuer à procurer. Les sciences et techniques sont reconnues comme des activités précieuses qui disent quelque chose du génie de l'homme. Mais le pape souligne aussi qu'à la base même de la méthodologie des technosciences surgit un risque de domination, risque qu'il faut contrôler. Comme les technosciences sont liées à l'économie, les lois du marché les orientent fortement et peuvent durcir cette domination. Or « le marché ne garantit pas en soi le développement humain intégral ni l'inclusion sociale » (*LS* 109). Le discours techno-économique peut aussi laisser croire que la réalité est disponible à souhait, qu'on peut la manipuler et la dominer selon son gré, ce qui rajoute un élément au risque de domination.

Le paradigme technocratique exerce aussi son emprise sur l'économie et la politique. Il accentue l'aspect utilitariste et l'emballement des technosciences dans une course sans fin, avec promesses et fantasmes. Le pape dénonce le fait que certains cercles soutiennent que l'économie actuelle et la technologie puissent résoudre « tous » les problèmes environnementaux. Il faut analyser de manière plus profonde la racine de la crise écologique (crise environnementale et crise sociale en interaction) pour trouver des remèdes. De plus, la spécialisation de la technologie et la fragmentation des savoirs ne rendent pas facile la compréhension de l'ensemble, notamment en termes d'éthique sociale et de prise en compte de la place des plus pauvres. « La vie est en train d'être abandonnée aux circonstances conditionnées par la technique, comprise comme le principal moyen d'interpréter l'existence. Dans la réalité concrète qui nous interpelle, divers symptômes apparaissent qui montrent cette erreur, comme la dégradation de l'environnement, l'angoisse, la perte du sens de la vie et de la collaboration » (*LS* 110).

Pour répondre à ces problèmes écologiques, il nous faut, dit le pape, un regard différent sur la nature et sur l'homme, une pensée, une politique, un programme éducatif, un style de vie et une spiritualité qui aideront à « résister » à l'avancée du paradigme technocratique (pas forcément aux technosciences mais à leurs conditions d'utilisation). Il ne désespère d'ailleurs pas que l'homme soit capable d'orienter la technique pour la mettre au service d'un autre type de progrès que celui qui est prôné aujourd'hui, un progrès plus humain, plus social, plus intégral. Il donne du reste des exemples en ce sens, avec des communautés de producteurs qui s'unissent pour ce type de style de vie. « Personne ne prétend vouloir retourner à l'époque des cavernes, cependant il est indispensable de ralentir la marche pour regarder la réalité d'une autre manière, recueillir les avancées positives et durables, et en même temps récupérer les valeurs et les grandes finalités qui ont été détruites par une frénésie mégalomane » (*LS* 114).

Le pape François critique l'anthropocentrisme moderne : la modernité a dévoyé l'anthropologie biblique en une « démesure anthropocentrique ». Cette forte critique ne doit pas être vue comme un jugement sans appel, mais comme une vue réaliste d'un chercheur de sens qui constate que le rapport de l'homme à la nature a besoin d'être renouvelé. Pour ce pape argentin, le rêve prométhéen de domination du monde a donné l'impression que la sauvegarde de la nature ne profiterait qu'aux « faibles ». Pour lui, nous ne sommes pas appelés à maîtriser le monde mais à le recevoir comme un don du Créateur et à le gérer de manière responsable. Nous sommes également un don du Créateur les uns pour les autres, et tout cela est lié. « Quand on ne reconnaît pas, dans la réalité même, la valeur d'un pauvre, d'un embryon humain, d'une personne vivant une situation de handicap, on écoutera difficilement les cris de la nature elle-même. Tout est lié » (*LS* 117). Il n'y a pas d'écologie sans anthropologie adéquate ! Et le pape souligne que lorsque la personne humaine est considérée seulement comme un fruit du hasard et de la nécessité, la conscience de la responsabilité risque de s'atténuer dans les esprits. Un anthropocentrisme mal placé ne doit cependant pas être remplacé par un « biocentrisme » qui dévaloriserait l'être humain.

Le pape fustige la culture du « utilise et jette » qui engendre tant de résidus à cause d'un désir désordonné de consommation. Il aborde ensuite la place du travail comme lieu de développement personnel, de mise en pratique de valeurs et de contribution au service commun. L'écologie intégrale doit « intégrer » justement cette valeur du travail de l'homme, prioritairement aux technologies qui pourraient le remplacer. Il encourage à considérer le travail comme un lieu d'expression de la dignité humaine et fait le lien entre notre capacité à la contemplation et au respect de la création et le sens que l'on donne au travail.

Enfin il s'arrête sur l'innovation biologique à partir des recherches d'aujourd'hui qu'il estime nécessaires pour le bien de l'humanité. Il invite à respecter des règles fermes quant à l'expérimentation animale et à la souffrance endurée par ces animaux. Dans la foulée du pape Jean-Paul II, François valorise l'étude et les applications de la biologie moléculaire et de la génétique, tout en affirmant que toute manipulation génétique demande le plus grand discernement quant à ses effets directs ou indirects. « En même temps, on ne peut pas cesser de préciser toujours davantage les objectifs, les effets, le contexte et les limites éthiques de cette activité humaine qui est une forme de pouvoir comportant de hauts risques» (*LS* 131). Reconnaissant qu'il est difficile d'émettre un jugement général sur le développement des OGM, il souligne les chances et les risques qu'il y voit. Il n'insiste pas plus sur les nouvelles biotechnologies dont nous parlons dans cet ouvrage. Le pape encourage la mise en place d'espaces de discussion où agriculteurs, consommateurs, producteurs de semences, scientifiques et autorités civiles puissent accéder à une information complète et fiable, dialoguer et prendre ensemble les décisions en vue du bien commun.

Pour terminer ce chapitre III de *Laudato Si*, le pape regrette que certains mouvements écologistes qui défendent l'intégrité de l'environnement et exigent avec raison certaines limites à la recherche scientifique, n'appliquent pas ces mêmes principes à la vie humaine. Il rappelle enfin la nécessité d'une éthique solide, car «quand la technique ignore les grands principes éthiques, elle finit par considérer comme légitime n'importe quelle pratique. La technique séparée de l'éthique sera difficilement capable d'autolimiter son propre pouvoir» (*LS* 136).

L'écologie intégrale comme concept fédérateur

«L'écologie étudie les relations entre les organismes vivants et l'environnement où ceux-ci se développent. Cela demande de s'asseoir pour penser et pour discuter avec honnêteté des conditions de vie et de survie d'une société, pour remettre en question les modèles de développement, de production et de consommation. Il n'est pas superflu d'insister sur le fait que tout est lié » (*LS* 138).

Le travail du pape François ici rapporté ne se contente pas de rapprocher l'écologie environnementale et l'écologie humaine. Il articule et croise ces deux aspects, avec interpénétration entre les deux, pour penser une « écologie intégrale ». Il met en rapport croisé « la sauvegarde de la création », « la vie sociale » et « la dignité humaine », dans le jeu des institutions et dans une interdépendance forte. Il prône une écologie qui « incorpore la place spécifique de l'être humain dans ce monde et ses relations avec la réalité qui l'entoure (*LS* 15)... Nous ne pouvons pas concevoir la nature comme séparée de nous ou comme un simple cadre de notre vie » (*LS* 139). Il avait pris la précaution de mettre cette encyclique sous la figure de saint François d'Assise qui pratiquait déjà une forme d'écologie intégrale en alliant le respect des créatures avec le respect du pauvre et la construction de la paix.

« Ne renonçons pas à nous interroger sur les fins et sur le sens de toute chose. Autrement, nous légitimerions la situation actuelle et nous aurions besoin de toujours plus de succédanés pour supporter le vide (*LS* 113).

« Il est fondamental de chercher des solutions intégrales qui prennent en compte les interactions des systèmes naturels entre eux et avec les systèmes sociaux (*LS* 139). Il ne suffit plus de parler seulement de l'intégrité des écosystèmes. Il faut oser parler de l'intégrité de la vie humaine, de la nécessité d'encourager et de conjuguer toutes les grandes valeurs » (*LS* 224).

Pratiquer cette écologie intégrale suppose une véritable conversion pour un véritable changement de vie, nous dit François. Il appelle à abandonner les logiques de domination, d'exploitation, de gaspillage, de prédation, les cultures du déchet… au profit de logiques du don, de beauté, de qualité de vie, de spiritualité. Il s'agit d'abandonner des idoles (par exemple faire de la techno-économie le centre de tout), sans pour autant négliger cet aspect. La validité du paradigme techno-économique ne se mesure pas à la puissance des technosciences et de l'économie mondialisée mais à sa capacité d'améliorer réellement la qualité de vie de tous, des plus pauvres en particulier. Le concept d'écologie intégrale est une invitation à passer les technosciences et leur utilisation au crible de leur impact social, de la recherche du bien commun, de la destination universelle des biens, de la justice sociale, de la subsidiarité et de la solidarité (les cinq éléments clés de la pensée sociale de l'Église). Beaucoup de personnes se réclamant de philosophies et de religions très variées peuvent faire leur cette vision qui reconnaît notamment qu'on ne peut séparer protection de la nature et protection des pauvres. Le croyant travaillera pour lui-même les liens qu'il établit entre relation à Dieu, aux autres, à soi et à la création.

Le pape propose ce concept d'écologie intégrale avec des applications concrètes. Ainsi, sous ce terme il évoque par exemple des éléments comme l'état des institutions d'une société (*LS* 142), les richesses culturelles de l'humanité et les cultures locales (*LS* 143), le cadre visuel des lieux de vie, la signalisation urbaine et les lieux publics (*LS* 151), mais aussi la relation avec son propre corps (« L'acceptation de son propre corps comme don de Dieu est nécessaire pour accueillir et pour accepter le monde entier comme don du Père et maison commune » – *LS* 155).

Il souligne aussi l'importance de prendre en compte les générations futures et le monde que nous leur laissons : « Au-delà d'une loyale solidarité intergénérationnelle, l'urgente nécessité morale d'une solidarité intragénérationnelle renouvelée doit être affirmée » (*LS* 162). Une écologie intégrale est aussi faite de simples gestes quotidiens par lesquels nous rompons la logique de la violence, de l'exploitation, de l'égoïsme. « Le bonheur requiert de savoir limiter certains besoins qui nous abrutissent, en nous rendant ainsi disponibles aux multiples possibilités qu'offre la vie » (*LS* 223) ! Ces phrases font écho à un thème fort du début de l'encyclique dans lequel le pape indique que les bouleversements écologiques et sociaux « au fond sont dus au même mal, c'est-à-dire à l'idée qu'il n'existe pas de vérités indiscutables qui guident nos vies, et donc que la liberté humaine n'a pas de limites » (*LS* 6).

Le chapitre V de l'encyclique consistera à recommander des engagements concrets pour construire la maison commune à partir de nouveaux styles de vie, à l'échelle locale et internationale, avec les dimensions politiques et économiques adéquates. Les termes de sobriété heureuse, de développement durable et intégral et d'éthique sociale reviennent fréquemment. Le chapitre VI aura une teinte plus spirituelle et éducative pour soutenir cette conversion, dans une attitude pleine d'espérance qui ne succombe pas aux catastrophismes non éclairés ! Avec tous les humains, les chrétiens, rappelle le pape, « ont besoin d'une conversion écologique, qui implique de laisser jaillir toutes les conséquences de leur rencontre avec Jésus-Christ sur les relations avec le monde qui les entoure. Vivre la vocation de protecteurs de l'œuvre de Dieu est une part essentielle d'une existence vertueuse ; cela n'est pas quelque chose d'optionnel ni un aspect secondaire dans l'expérience chrétienne » (*LS* 217).

Quelques points clés pour notre réflexion

La recherche en éthique des technosciences ne peut se contenter des classiques évaluations bénéfices/risques par ailleurs bien nécessaires. Si l'on se laisse interpeller par le concept d'écologie intégrale qui nous rappelle que « tout est lié », il nous faut considérer plus largement les technosciences dans leurs liens avec l'économie (ce qui est rarement fait dans les débats éthiques, y compris ceux des députés au Parlement par exemple), leurs impacts sociaux, leurs influences sur les mentalités, sur l'éducation, sur les institutions et la politique… La nécessité d'une éthique sociale, d'une anthropologie solide et de la prise en compte des dimensions spirituelles pour répondre aux défis majeurs de l'écologie est aussi fortement soulignée par le pape, dans le cadre d'une éthique de la discussion, au niveau local et au niveau mondial, discussion qui doit rassembler l'ensemble des acteurs et faire droit à toutes les cultures ouvertes à l'altérité. C'est dans ce cadre de discussion, complexe il faut bien le dire (car nul ne peut prendre en compte tous les domaines à la fois), que le pape nous invite à « orienter la technique pour la mettre vraiment au service de l'homme et du bien commun ».

Dans le cadre des interactions complexes que nous venons de citer et de la recherche de cette « orientation pour le service de l'homme », je propose de retenir à ce stade cinq interpellations pour « penser l'humain (et des attitudes humaines fortes) au temps des technosciences » :

1. *Le regard sur la nature est questionné* : chances et risques de la regarder comme « ressource » pour l'homme qui en tire des bénéfices appropriés (nourriture, énergie, bioéconomie mais aussi « intelligence » avec le biomimétisme d'une part et les recherches en chimie verte d'autre part) mais peut aussi être tenté d'en « extraire tout ce qui est possible », quitte à en devenir prédateur, à la manipuler sans retenue et sans limites. Comment respecter un vivant que l'on ne regarde que comme « ressource pour l'homme » ? La redoutable question de la limite et du juste équilibre entre ressource et respect se repose ici. Elle nécessite de retisser le lien entre l'humanité et la nature, la planète Terre notamment.

2. *Le pouvoir que donnent les technosciences est questionné* : pouvoir économique, pouvoir sur la nature comme nous venons de le souligner, pouvoir de « réparer, soigner, guérir, augmenter », influence sur les modes de vie, sur le pouvoir d'être soi-même comme nous le soulignions avec Habermas, sur le pouvoir de certains pays sur d'autres... Plus que

jamais, il nous faut considérer cet aspect de pouvoir comme une interpellation à un « juste usage » des technologies au service du bien commun. Toute une éducation à l'exercice du pouvoir d'utilisation des technosciences est nécessaire. La formation des scientifiques eux-mêmes à l'éthique et aux « humanités » est plus que jamais indispensable, sans oublier celle des économistes !

3. *L'attitude « technoscientifique » est elle-même questionnée* : elle favorise le développement de connaissances et d'actions en faveur de l'homme mais elle porte en elle-même un « instinct de domination », nous dit le pape. Une domination sur le réel, sur les choses, sur le vivant, sur la nature, et sur la nature de l'homme également. On l'entend dans le discours de certains transhumanistes qui affirment transformer et sauver l'humanité (et la nature) avec les technosciences. Une domination également par le fait même du lien entre sciences et technologies, spécifique aux technosciences et sous-tendu par le facteur économique. Du reste, certains scientifiques disent depuis longtemps que l'avènement des technosciences est comme une sorte de « trahison » de la liberté et de la gratuité de la démarche scientifique. Voilà qui illustre bien l'intérêt d'une approche globale comme celle de l'écologie intégrale pour prendre en compte les effets de tous ces liens, sans trop vite diaboliser lesdites technosciences.

4. *La technique comme « moyen d'interpréter l'existence » est questionnée* : se pose ici la question de la culture technoscientifique qui façonne des idéaux de vie et des valeurs qui peuvent donner l'impression d'être imposés à tous au nom

de la modernité. Le pape parle de contre-culture pour ceux qui refusent d'entrer dans le « tout technique », comme une sorte de « résistance » nécessaire. Un exemple provocant est celui des discussions sur la fin de vie. Se dégage parfois l'idée que tant que la technique peut réparer les fonctions essentielles de l'homme, sa vie peut continuer mais qu'elle ne vaut plus le coup si les fonctions biologiques ne sont plus réparables !

5. *L'idée de progrès est questionnée* : la notion de performance technique et économique est notoirement insuffisante pour définir un progrès pour l'humain. En tout cas, même si elle peut y contribuer fortement, elle ne le garantit pas, loin de là. C'est la notion de performance qui est ici à revisiter, à partir de l'approche globale portée par l'écologie intégrale. Cela fait quelque temps déjà que des indices de performance cherchent à intégrer des dimensions éthiques et sociales dans la mesure du progrès. Mais beaucoup de travail reste encore à faire en ce domaine.

Ces cinq interpellations ne doivent pas être prises comme des censures, mais bien comme des espaces de réflexion pour un plus de liberté, sans aucune technophobie. Elles nous responsabilisent devant les enjeux à relever. Elles nous font retoucher l'importance des cinq aspects fondamentaux que la pensée sociale de l'Église propose à tous : comment les technosciences peuvent-elles être mises au service de l'humanité comme contribuant au *bien commun*, avec le souci d'une *destination universelle des biens*, d'une *justice sociale*, d'une application concrète du *principe de subsidiarité* et de la *solidarité* internationale.

Exemple : des questions à travailler autour de la bioéconomie

On parle beaucoup aujourd'hui de « bioressources », au moment où la production de carbone fossile doit être limitée devant les changements climatiques engendrés. Comme on l'a vu, on peut transformer le vivant en usine : on produit par exemple du biokérosène à partir de levures reprogrammées et de la biomasse, et, avec les bactéries, les levures, les plantes et les champignons on peut produire des médicaments et des molécules pour la chimie. Au-delà de l'alimentation classique s'ouvrent ainsi de nouveaux marchés qui représentent aujourd'hui un enjeu majeur pour l'économie. On parle de plus en plus de biopouvoirs et on se demande comment la bioéconomie peut être l'occasion (ou pas) d'une nouvelle prise de conscience qui prenne en compte les questions écologiques décrites précédemment. Devant les défis énergétiques, climatiques et écologiques de notre planète Terre, certains chercheurs et industriels ont un réel désir d'orienter la technique pour la mettre au service d'un progrès qui respecte le vivant, la nature et l'homme, pensant que la bioéconomie donne une magnifique opportunité pour cela. Mais ce n'est pas le cas de tous, il faut bien le dire ! Penser l'économie avec le vivant, et non plus seulement comme utilisant le vivant, voilà un défi à relever.

En matière de bioéconomie, la Commission européenne s'exprime ainsi en 2012 : « Afin de faire face à l'augmentation de la population mondiale, à l'épuisement rapide de nombreuses ressources, aux pressions environnementales accrues et au changement climatique, l'Europe doit adopter une approche radicalement différente de la production, de la consommation, du traitement, du stockage, du recyclage et de l'élimination des ressources biologiques. La stratégie Europe 2020 préconise de développer la bioéconomie comme élément clé d'une croissance verte et intelligente en Europe. En effet, les progrès de la recherche en matière de bioéconomie et l'adoption d'innovations permettront à l'Europe de mieux gérer ses ressources biologiques renouvelables, de créer de nouveaux marchés et de diversifier l'offre de denrées alimentaires et de bioproduits. Il y a de grands avantages à instaurer en Europe une bioéconomie car celle-ci permettrait de préserver et de stimuler la croissance économique et l'emploi dans les zones rurales, côtières et industrielles, de limiter la dépendance vis-à-vis des combustibles fossiles et d'accroître la durabilité économique et environnementale de la production primaire et des industries de transformation. La bioéconomie contribue donc significativement à la réalisation des objectifs des initiatives phares d'Europe 2020 "une Union pour l'innovation" et "une Europe efficace dans l'utilisation des ressources"[1]. »

Les trois défis majeurs de la bioéconomie concernent

1. Communication de la Commission européenne, 13 février 2012, COM(2012) 60, p. 3.

l'affectation des terres entre usages alimentaires et usages industriels, la préservation des capacités de régénération des écosystèmes même si les organismes vivants utilisés sont « renouvelables » et enfin les impacts des nouvelles biotechnologies qui modifient les organismes pour optimiser les rendements, résister aux maladies ou fournir de nouvelles molécules d'intérêt pharmaceutique. Il s'agit ainsi d'évaluer les chances et les risques du potentiel énorme de ces technologies de réingénierie du vivant en termes de biodiversité, de respect du vivant, mais aussi pour leur utilisation en vue d'éradiquer des espèces nuisibles, tels les moustiques vecteurs de maladies dangereuses, par *gene-drive* (forçage génétique).

Le récent rapport du Centre d'études et de prospectives du ministère français de l'Agriculture, de l'Agroalimentaire et de la Forêt (avril 2016) préconise l'alliance des principaux acteurs de la bioéconomie pour trouver ensemble des voies de développement durable en ces domaines. Devant les stratégies de bioéconomie en cours d'élaboration, des voix se font entendre pour que le vivant, dans son équilibre naturel dynamique, devienne une source d'inspiration pour « refonder l'innovation, l'économie et la cohérence démocratique [1] ». Une belle perspective au service du bien commun, pour vivre l'écologie intégrale ?

1. Dorothée Browaeys, « Le vivant comme source d'inspiration pour refonder l'innovation, l'économie et la cohérence démocratique », dans *La « Vie » et le « Vivant » : de nouveaux défis à relever dans l'éducation*, SHS Web of Conferences, vol. XXI, en ligne sur http://

Interview de Pierre Giorgini, auteur de La Transition fulgurante[1]

C'est dans le contexte décrit par l'encyclique *Laudato Si* que j'ai interviewé un acteur de cette réflexion globale en France aujourd'hui, un technoscientifique humaniste et engagé dans l'éducation, connaissant tout particulièrement le développement actuel de l'intelligence artificielle et des machines intelligentes. Il est ainsi bien placé pour dire à sa façon comment nous pouvons collectivement tenter de relever les défis cités par le pape.

Pouvez-vous nous donner des éléments de votre parcours personnel qui marquent votre vision de l'avenir, devant la conjonction des trois révolutions des technosciences, de l'économie mondialisée et du numérique ?

Je suis ingénieur de formation spécialiste au départ de l'architecture des systèmes répartis, c'est-à-dire des systèmes de

---

www.shsconferences.org/articles/shsconf/pdf/2015/08/shsconf_vv2015_02002.pdf.

1. Ouvrage évoqué aux chapitres 1 et 2, et dans lequel Pierre m'avait demandé de faire un contrepoint éthique (cette interview est donc comme « un retour de demande » !). Pierre Giorgini, *La Transition fulgurante, op. cit.* Autre ouvrage de l'auteur : *La Fulgurante Recréation, op. cit.*

processeurs en réseaux qui coopèrent pour traiter de l'information. Je commence ma carrière dans l'enseignement supérieur et crée en 1990 une école d'ingénieurs, aujourd'hui Télécom Lille. Je pars ensuite dans une carrière de DRH à France Télécom et à l'ANPE dont j'ai été le DRH au niveau national, avant de prendre la direction générale déléguée d'Orange Innovation. En 2007, je prends la direction du groupe ISEN, trois grandes écoles du numérique, avant d'être élu président-recteur de l'Université catholique de Lille. Chrétien, personnaliste communautaire (Emmanuel Mounier) y compris dans mes engagements sociétaux et associatifs, j'ai toujours été passionné par la question de l'humain au cœur des sciences et techniques et de la transformation des organisations.

Dans son encyclique Laudato Si *analysée dans la première partie de ce chapitre, le pape François rappelle notamment que « Nous n'avons jamais autant maltraité ni fait de mal à notre maison commune qu'en ces deux derniers siècles. Mais nous sommes appelés à être les instruments de Dieu le Père pour que notre planète soit ce qu'il a rêvé en la créant, et pour qu'elle réponde à son projet de paix, de beauté et de plénitude (*LS *53) ». Dans votre livre* La Transition fulgurante *vous résonnez à cette vision. Vous commencez par dire que nos manières de penser la vie en société ne sont plus adaptées pour comprendre et vivre ce qui émerge de nouveau dans notre monde et que la démocratie elle-même est en danger.*

Au cœur d'une transition fulgurante, notre humanité est en train d'acquérir la potentialité socio-technique de détruire mille fois sa « maison commune », mais aussi de la reconstruire plus durable, plus habitable, plus respectueuse du bien commun et de l'homme. Le changement de paradigme en cours est si profond et global que les catégories mentales du monde d'hier peinent à penser ce nouveau monde qui émerge brutalement. Les systèmes ordonnés, organisés, les normes et codes portés par les institutions (démocratiques) et les firmes traditionnelles, issus de l'ancienne catallaxie[1] des échanges informels et du marché (l'ordre, les organisations qui ont surgi des réseaux d'échanges désordonnés), ne sont plus adaptés à la nouvelle donne des échanges induite notamment par la « convergence Internet ». Les peuples ont de plus en plus le sentiment que leurs aspirations, leur créativité, leurs pulsions, leurs souffrances et leurs rêves ne sont plus portés ni régulés par les structures traditionnelles socioculturelles et socio-économiques, les hiérarchies traditionnelles, les institutions organisées (États, collectivités, entreprises...). Ces dernières ne semblent plus en capacité d'ouvrir sur une perspective positive, un avenir qui fait sens pour le plus grand nombre.

Cette métamorphose profonde va de pair, selon l'anthropologue Alain de Vulpian, avec la crise des hiérarchies traditionnelles qui portent principalement les codes, les normes et les régulations par le droit, de notre vie en société. On sait

1. Le mot « catallaxie » vient du concept de « catallactique », qui nomme la science des échanges, soit la branche de la connaissance qui étudie les phénomènes du marché, qu'ils soient formels ou informels, chaotiques ou organisés.

depuis Freud que toute crise majeure chez un homme entre le « ça » (siège des pulsions bouillonnantes, besoin de plaisirs, instincts humains divers), le « moi » (siège de la conscience et des principes de réalité) et le « surmoi » (siège des interdits moraux, des codes sociaux, des normes), conduit à la dépression, la violence contre soi, l'autodestruction et le délire. On peut ainsi avec prudence oser une analogie avec ce que l'on vit dans le champ social, à savoir un mal social quasi globalisé dû à cette crise des hiérarchies traditionnelles, des codes et des normes face à toutes les pulsions et aspirations, y compris les plus généreuses qui émergent dans l'informel. Ainsi, ceux qui veulent agir pour un monde plus solidaire, y compris avec la planète et les générations futures, le font au cœur de l'émergence de nouvelles formes sociales, de communautés inédites d'échanges, de façon souvent informelle et en réseau. Il s'agit de l'explosion du « co », « uberisant », qui déstabilise ce qui reste du monde organisé.

On pourrait baisser les bras devant de tels défis, ce qui n'est pas votre cas. Du coup, quelle est votre posture de recherche et de travail ?

Loin de me laisser porter par le rêve naïf d'une coélaboration du bien, du juste et du beau, sublimant comme par miracle les forces de domination et d'appropriation des richesses par une minorité, il me semble de plus en plus urgent de faciliter, d'accélérer une nouvelle catallaxie de ce désordre apparent, en venant réinventer, réarticuler, les institutions, les hiérarchies nouvelles, les communautés alternatives, dans ces cours de « récréation » qui deviennent ainsi les cours de « recréation » du monde. Faute de quoi, beaucoup de scénarios de transition sont possibles et parmi eux les plus dramatiques pour l'humanité.

Dites-nous avec vos mots de quoi est faite cette transition que vous qualifiez de « fulgurante ».

La transformation du monde que nous vivons est globale et personne n'est en mesure de prévoir sa nature avec exactitude. Il s'agit d'une transition vers autre chose. La vitesse de cette transition est sans précédent du fait à la fois de son accélération mais aussi de son ampleur. La fulgurance de cette transition provient de la combinaison d'une nouvelle révolution technoscientifique, c'est-à-dire pour moi l'alliance concrète de la science, des techniques et de l'économie, d'une puissance jamais égalée, avec le basculement des systèmes socio-économiques dans un nouveau paradigme des modes de coopération entre les hommes et entre les machines, combiné à son tour avec la transition vers l'économie créative et l'économie de la connaissance. Il s'agit en fait d'un bouleversement « systémique » lié à la combinaison entre eux de ces différents éléments qui se renforcent mutuellement. L'économie créative appuie son fonctionnement en réseau mondial d'écosystèmes innovants sur le déploiement des réseaux techniques avec des capacités de transmission de plus en plus larges. En mode maillé, ces écosystèmes puisent l'innovation principalement dans les nouvelles potentialités technoscientifiques et leur combinaison avec les nouveaux services qu'elles permettent ou induisent. Les réseaux déploient leur structure nouvelle maillée et coopérative à partir des exigences de cette nouvelle économie collaborative qui les finance et les légitime. Les révolutions technoscientifiques irriguent instantanément la planète et les marchés grâce à ces réseaux et aux écosystèmes maillés à l'échelle mondiale. Il y a bien systémique, chacun des actants se renforçant et se légitimant dans les deux autres.

Vous parlez dans vos livres de nouvelles coopérations et de l'importance des « modes coopératifs maillés ». De quoi s'agit-il ?

Ce basculement dans un nouveau paradigme des modes de coopération concerne les modes de conception et de fonctionnement des divers systèmes de coopération au sens large. Il s'agit là de la coopération entre les hommes (systèmes organisés, communautés, institutions, groupes informels, etc.), entre les hommes et les objets (relations hommes-machines au sein d'un environnement « intelligent » d'objets) et entre les objets eux-mêmes. C'est une nouvelle façon d'appréhender et de gérer la complexité qui est en marche et probablement une nouvelle façon d'exercer sa rationalité qui émerge. Elle demande une transformation de nos catégories mentales pour être comprise. En effet, le mode « hiérarchique arborescent » et en « flux linéaires » a structuré la pensée mécaniste de toute l'ère industrielle. Cette pensée consistait à modéliser les systèmes complexes (techniques et organisationnels) sous forme arborescente (organigrammes, découpage en éléments simples, etc.) ou de flux linéaires (processus, chaînes de production, etc.). Même quand la complexité demandait une pensée en réseau, ces flux étaient le plus souvent des flux annexes à un flux dominant hiérarchisé (une source, une destination, un client, un serveur).

Ce mode de pensée, d'organisation de la complication, de sa réduction en éléments simples, cède le pas, de façon rapide et générale, au mode coopératif maillé et réparti ainsi qu'à la complexité. Chaque élément du système est à la fois client et serveur, source et destination. L'intelligence globale n'est plus concentrée dans un serveur central qui collecte et distribue les données une fois traitées. Une capacité globale de traitement et de stockage de l'information est répartie en réseau. Elle produit une intelligence dite de réseau. C'est la convergence globale vers le mode Internet. Une désintermédiation est ainsi en cours.

Cette vision rejoint celle de Jeremy Rifkin dont vous pourriez nous rappeler le contenu.

Selon Jeremy Rifkin, et je partage ce point de vue, c'est tout le paradigme de la coopération qui est embarqué dans cette aventure, y compris celui qui, par le passé, a fait émerger les structures politiques et les firmes, la répartition des pouvoirs et des richesses du monde d'hier : « L'émergence de la troisième révolution industrielle ne change pas seulement notre façon de faire des affaires, mais aussi notre manière de penser la politique. La lutte entre les vieux intérêts du pouvoir hiérarchique de la deuxième révolution industrielle et les intérêts naissants du pouvoir latéral de la troisième révolution industrielle crée un nouveau clivage politique, reflet des forces rivales qui se disputent la maîtrise de l'économie. Un nouveau récit s'écrit sous nos yeux et au fur et à mesure que nous pénétrons plus avant dans l'ère nouvelle, il va refondre l'idée même que nous nous faisons de la politique[1]. »

La robotique flexible et l'effondrement des coûts fixes de la production matérielle ouvrent sur la possibilité de fabriquer soi-même. Les machines parlantes, intelligentes, permettent d'accéder directement à la connaissance et au savoir. La désintermédiation financière permet de répartir le tiers de confiance pour l'emprunt (*crowdfunding*) ou l'assurance (*blockchain*). Il en est de même pour l'énergie et le transport, la distribution et l'agriculture. Aucun secteur n'échappe à cette re-répartition des tâches. En 1937, l'économiste américain Walter Lippmann écrivait : « Le genre de révolution qui rendrait périmée l'économie marchande serait une série d'inventions permettant aux hommes, par

1. Jeremy Rifkin, *La Troisième Révolution industrielle*, *op. cit.*, p. 196-197. Voir également l'article d'Henry Mintzberg avançant que la crise économique est avant tout un excès de *leadership* dans les grandes sociétés aux dépens d'un *communityship* qui comprend beaucoup de forces de création et de renouvellement de l'entreprise (Henry Mintzberg, « Rebuilding Companies as Communities », in *HBR*, juillet-août 2009).

leur effort individuel et sans avoir besoin de personne, d'obtenir un niveau de vie meilleur que celui auquel ils aspirent maintenant. » Cette vision prémonitoire est en route par ses deux bouts : la transformation des aspirations au bonheur vers un hédonisme intégral (corps et esprit) et plus de sens, et l'accès direct à la technologie de pointe. « Tout comme l'économie de la troisième révolution industrielle permet à des millions de personnes de produire leur propre énergie, une nouvelle révolution de la fabrication numérique rend aujourd'hui possible de faire de même dans la production de biens durables. À l'ère nouvelle, tout le monde peut être son propre industriel autant que sa propre compagnie d'électricité. Bienvenue dans le monde de la production industrielle distribuée. Ce procédé s'appelle l'impression 3D[1]. »

Dans la présentation de son livre La Révolution transhumaniste *(voir chapitre 2 de notre livre), Luc Ferry dit : « En parallèle, cette "infrastructure du monde" qu'est le Web a permis l'apparition d'une économie dite "collaborative", celle que symbolisent des applications comme Uber, Airbnb ou BlaBlaCar... Selon l'idéologue Jeremy Rifkin, elles annoncent la fin du capitalisme au profit d'un monde de gratuité et de souci de l'autre. N'est-ce pas, tout à l'inverse, vers un hyperlibéralisme, vénal et dérégulateur, que nous nous dirigeons[2] ? » Comment réagissez-*

1. Jeremy Rifkin, *La Troisième Révolution industrielle*, *op. cit.*, p. 168-169.
2. Luc Ferry, *La Révolution transhumaniste*, *op. cit.*

vous à cette vision ? Quels sont les chances et les risques de l'économie collaborative ?

Le fait de discuter d'entrée les thèses de Rifkin en le qualifiant d'idéologue ne fait pas pour moi avancer sereinement le débat. Je préférerais « essayiste engagé », depuis d'ailleurs la guerre du Vietnam. Mais, sur le fond, je pense qu'il est effectivement salutaire pour l'humanité de sortir d'une vision idyllique et naïve du « co » qui serait autoporteur du bien, du beau et du juste, sans autre régulation que celle intrinsèque aux communautés elles-mêmes. Mais à l'inverse, ne pas voir en quoi le « co » peut-être une source de recréation de notre humanité, les humains prenant davantage conscience de leur interdépendance en tant qu'humanité globale en réseau, et étant appelés à être coacteurs autonomisés plus que consommateurs, c'est porter sur ce qui se passe et ce qui se prépare un regard résolument conservateur dont l'histoire nous a aussi appris à nous méfier.

Cette troisième révolution peut-elle apporter de nouvelles perspectives pour l'emploi et à quel prix ?

Cette combinaison d'une nouvelle révolution technoscientifique avec la convergence vers le mode Internet produit donc une transformation fulgurante qui pourrait créer un choc de productivité sans précédent sur toutes les activités dont celles de gestion de l'information. Comme cela a été le cas lors de la deuxième révolution industrielle avec l'émergence brutale des « cols blancs » suite à l'automatisation de la force et du travail physique, l'automatisation des processus intellectuels et du raisonnement va produire une nouvelle évolution de la valeur ajoutée humaine dominante dans les économies développées.

Les tâches de gestion rationnelle des données étant partiellement automatisées, ce sont les tâches mobilisant créativité et innovation qui pourraient prendre le pas. L'automatisation des processus de traitement, de stockage et de communication des données pourrait conduire à une productivité considérable dans le domaine du travail purement rationnel de traitement de ces données (travail des cols blancs, tertiaire), c'est-à-dire faisant appel à une intelligence algorithmique. Le choc de productivité dans le tertiaire et le service, qui risque d'être considérable, coupe l'herbe sous le pied d'un transfert des emplois vers ce secteur.

Le processus « schumpetérien » qui voit la destruction de valeur par l'innovation, qui voit refonder le travail dans de nouveaux marchés, de nouveaux services et de nouvelles technologies (ce qu'on appelle couramment « destruction créatrice »), pourrait se trouver en panne du fait de la rapidité de la transition et de l'explosion de la robotique flexible et polyvalente. Les robots produisant et exploitant les robots détruisent notamment en partie l'alternative de l'émergence massive de nouveaux métiers de fabrication et d'exploitation des robots dont on a bénéficié pour les machines industrielles et les ordinateurs. Les nouveaux marchés de substitution à ceux détruits par l'innovation, alliant intensification capitalistique et montée en compétence de la main-d'œuvre nécessaire, corrélée à l'ascenseur social, ne semblent plus être une alternative crédible au maintien en volume de l'emploi salarié.

Que devient la place de l'homme dans ces systèmes organisés, avec chances et risques ?

Cette convergence Internet et l'effondrement des hiérarchies traditionnelles qu'elle induit concernent tous les étages de notre activité humaine. Cette transition fulgurante modifie alors brutalement la place de l'homme dans les systèmes organisés, l'appelant à être davantage porteur d'une part des enjeux globaux de notre humanité dans chacun de ses actes au sein de communautés interconnectées. Porteur d'une part d'universel, car il prend conscience, comme jamais, qu'il porte par ses actes les plus banals et quotidiens des enjeux globaux parfois planétaires. Il est coresponsable globalement (eau, nucléaire, pollution, pauvreté, travail des enfants, etc.). Il découvre qu'il ne peut espérer changer le monde qu'en acceptant de se changer lui-même. L'homme n'est plus seulement client de serveurs de données et d'informations, il est à la fois source et destinataire de celles-ci. La notion même de société organisée est déplacée. Dans ce contexte, l'enjeu majeur est celui de la montée en conscience et en « capabilité démocratique » de tous.

Cette réponse consonne avec beaucoup de points de l'encyclique Laudato Si, *notamment l'idée d'écologie intégrale ?*

Effectivement, mais je pense que l'on mesure mal à quel point cette encyclique est une révolution en fait. Car la pensée chrétienne occidentale depuis la Renaissance, pour moi, a toujours plutôt favorisé, voire encouragé une vision anthropocentrique du rapport au réel, au monde en général, à la nature. Nous avons au fond été à l'origine directe ou indirecte de ce que Hans Jonas appelle l'éthique traditionnelle et dont nous devons sortir. À savoir une éthique où le rapport de l'humain avec le non-humain serait un rapport neutre, de sujet à objet. Une éthique où au fond la subjectivation de la technologie serait inexistante ou ignorée ainsi que l'objectivation de l'homme par la technologie. Cette encyclique selon moi ouvre la porte à une éthique renouvelée, une éthique moins anthropocentrée où l'inscription de l'humain dans la nature serait davantage pensée comme systémique. Prendre soin de notre « maison commune », ce n'est pas dans l'esprit de l'encyclique prendre soin par obligation raisonnable de ce qui supporte au sens physique et technique notre présence en tant qu'homme, la nature, mais prendre soin de notre humanité tout entière dans une vision presque ontologique. En fait, pour la première fois je crois, l'Église dit dans cette encyclique que prendre soin de notre bien commun naturel et prendre soin de notre humanité au sens de la communauté des humains, c'est la même chose, c'est la même tension vers Dieu. C'est pour moi une avancée majeure sur le plan de la doctrine de l'Église.

Comment réagissez-vous devant les visées transhumanistes que ces nouveaux paradigmes semblent stimuler ? Beaucoup de ces transhumanistes se disent aussi humanistes.

Ce passage de l'humanisme au transhumanisme, ou l'inverse, me fait penser au mythe de Pinocchio ou à celui de Frankenstein. De tout temps, l'homme a appris à aimer ses créatures. Plus elles sont proches de lui, plus il les aime. Il y aurait ainsi au plus profond de nous un mythe quasi prométhéen, une tentation de l'homme-Dieu, comme dirait Bertrand Vergely, qui fonde en nous un désir de création, de maîtrise, presque de contrôle d'un quasi-humain, d'un avatar humanisé. Mais cette quête est paradoxale, car on veut en même temps concevoir cet objet avec le maximum de degrés de liberté, d'autonomie et d'initiative possible, cible de toutes les projections, de tous les transferts, et en même temps jouir de notre capacité de domination, de contrôle, à son encontre. Ce type de relation est déjà un des moteurs de la relation de certains humains avec leur chien ou leur chat. Mais il arrive dans ce mythe qui hante bien des contes dans l'histoire que la créature s'autonomise à tel point qu'elle aspire (au sens de l'aspirateur) toute la substance de la liberté du sujet qui l'a conçue. Au final, elle se retourne contre lui, transformant ce qu'il croit être une domination en une dépendance absolue vis-à-vis d'elle.

Une expérience que l'on a vue récemment sur les écrans est signifiante. On y voit, en Allemagne, des robots accompagnateurs de visiteurs d'un musée, robots qui ont été programmés pour écouter, illustrer, challenger, guider avec empathie et un regard juste et bon sur les visiteurs. On y voit une épouse s'éloigner progressivement de son mari, parfois brutal, tranché dans ses oppositions de point de vue avec sa femme sur telle œuvre ou telle autre, et se rapprocher de son robot accompagnateur qui la valorise, dans une forme de complicité et même d'affection extrême.

Dans le même ordre d'idée, qui ne s'est pas surpris en train de parler à sa voiture, de la réprimander ou de la féliciter ? Qu'en sera-t-il lorsqu'elle pourra répondre, anticiper nos désirs, les réaliser dans la juste limite, adaptée à notre personnalité, entre la frustration indispensable à notre plaisir et leur accomplissement sans limites ? On pourrait rétorquer que malgré ce transfert, cette jouissance, le chien n'a pas pris la place de l'homme. Certes, mais est-on dans le scénario des *101 Dalmatiens* ou dans celui de *La Planète des singes* ? Car les robots qui se profilent, même si on ne saura jamais s'ils sont dotés d'une conscience (car on ne pourra jamais être un robot et le vivre de l'intérieur, de façon corporalisée), seront tellement autonomisés, capables des prémices d'une perfectibilité au sens de l'initiative apprenante (essai, erreur) et d'historicité sur ces échecs et succès, qu'ils seront, dans leur réalité d'être et d'objet intelligent et communicant, des « simili-sujets » et, dans la projection que les humains feront sur eux, peut-être des sujets à part entière. Toutefois, leur accès à la créativité, à l'intuition, à l'imagination véritable, reste bien sûr une hypothèse de science-fiction.

On voit bien d'ailleurs toute l'ambiguïté des conséquences de cette réalité nouvelle et les questions paradoxales qu'elle pose. Ces robots peuvent aider à débloquer des situations relationnelles difficiles pour des personnes manquant de portance psychique ou sociale et contribuer à les autonomiser dans le monde réel, corporalisé, ou au contraire favoriser leur enfermement dans une altérité virtuelle simili-réelle, réduite, vis-à-vis de ces machines. Ces machines peuvent « purger » les pulsions de violence et de domination de certains et favoriser une pacification des relations sociales interhumaines ou, au contraire, exacerber ces pulsions, les rendre plus performantes, pour une transposition sans distinction du simili-sujet vers le sujet réel.

L'exosquelette qui augmente le squelette humain en l'englobant de l'extérieur par exemple est autonomisant lorsqu'il permet à la personne âgée, ou handicapée, de se déplacer de façon autonome. Il augmente la capacité et la liberté d'action du chirurgien en lui permettant d'opérer des tumeurs autrefois inopérables. Mais il est déqualifiant, aliénant et désautonomisant lorsqu'il guide complètement le geste de l'ouvrier en ne lui laissant que peu de marges de manœuvre à part déclencher une alarme en cas de problème repéré.

Plus globalement, ne pensez-vous pas que la dualité sujet/objet se trouve interrogée en son cœur ?

L'homme, dans son projet légitime et consubstantiel de maîtriser la causalité et l'indétermination de tout ce qui environne son action et ses décisions, réduit un peu plus chaque jour sa qualité de sujet libre devant ce qui peut le prédéterminer, et transfère progressivement à des réseaux de machines intelligentes sa propre subsidiarité. Ces machines, en s'autonomisant, passent alors elles-mêmes progressivement du statut d'objet à celui de « simili-sujet ». Les exemples ne manquent pas et iront croissant tant les capacités des machines à analyser des données larges et à agir dans des délais sans commune mesure avec le temps de réflexion humaine (transactions financières haute fréquence, surveillance des personnes...) progressent chaque jour un peu plus. Plein de choses sont faites beaucoup plus rapidement par les machines que par les hommes. Mais il ne faut cependant pas oublier que pour l'instant, il y a une immensité de capacités issues du couplage du cerveau humain avec le corps (et ses capteurs en particulier, l'œil, le nez, les pointes des doigts) que la machine ne sait même pas ne serait-ce qu'approcher.

On pourrait quand même émettre quelques objections. Par exemple, pourquoi l'humain perdrait-il le contrôle ? Il a toujours le choix de décider en toute conscience des conséquences à tirer dans l'action, y compris d'arrêter la machine.

En réponse, je pose d'abord des questions au travers de deux exemples : « Est-ce qu'il est possible aujourd'hui de décider d'arrêter toutes les machines interconnectées du “cybionte” financier qui gère, y compris en haute fréquence, les transactions financières à l'échelle de la planète sans déclencher une catastrophe humanitaire ? » Or, il surdétermine au nom des intérêts spéculatifs mondiaux une part importante de nos choix de vie quotidienne (au nom de leur vertu supposée d'orienter l'entropie libérée du marché mondial vers le mieux pour tous !). Je pose également la question plus proche encore de notre vie concrète : « Qu'arrive-t-il dans notre société occidentale à un humain qui décide de vivre sans téléphone, ni fixe ni portable ? » A-t-il réellement le choix de s'en priver ? D'une façon plus prospective, Nick Bostrom, dans son livre *Superintelligence*[1], montre bien que, dans l'hypothèse très controversée mais qu'il juge lui réaliste à cinquante ans, de l'émergence d'une supermachine surintelligente, dès que cette dernière aura trouvé une porte d'accès au réseau, elle franchira tous les pare-feu, car elle est justement surintelligente (*super hacker*), pour infester, se démultiplier et se cacher dans tous les calculateurs du monde. Quelques millisecondes suffiraient et alors arrêter la machine source ne servirait à rien. Bostrom parle d'ailleurs très bien de la nécessité impérieuse de développer ces machines dans un « bac à sable » isolé. Mais aujourd'hui, toutes les machines sont connectées et fonctionnent en nappes ou en nuages. Même si cette superintelligence est impossible à atteindre (c'est ce que pensent beaucoup de grands esprits), la viser, c'est s'approcher de puissances de traitement de l'information (en masse et en rapidité) qui restructureront le terrain socio-économique qui les porte pour s'y rendre incontournables, comme l'iPhone aujourd'hui. Des logiciels dits vertueux ou d'influence, échappant au contrôle humain, car dotés d'algorithmes autonomes de prise de décision (de l'ordre de la nanoseconde, ce qui est le cas des transactions haute fréquence), rempliront le rôle de « gardien du temple » vis-à-vis d'une orthodoxie écono-

1. Nick Bostrom, *Superintelligence : Paths, Dangers, Strategies*, Oxford Press Libri, 2014.

mique, juridique, de santé publique, voire militaire… jugée vertueuse !

Mais de quelle liberté parle-t-on ? Car le concept même de liberté est complexe et mérite un certain discernement au moins sémantique.

Effectivement, de quelle liberté parle-t-on ? Est-ce une limitation de mon autonomie ou de ma liberté ? C'est-à-dire, est-ce une perte d'autonomie dans l'édition des normes que je m'impose à moi-même en réduisant volontairement ma liberté au nom de l'intérêt commun par exemple, ou est-ce une surnormalisation externe qui entrave ma liberté ? S'agit-il de la liberté externe à l'action, celle qui concerne le cadre des décisions qui s'imposent à moi, ou de la liberté interne à l'action, voire de la liberté intérieure ? Je peux être cloîtré dans une pièce de dix mètres carrés et jouir d'une infinie liberté intérieure. Sauf que ces enjeux ne sont pas hermétiques entre eux et que, de mon point de vue, leur systémique est globalement touchée à des degrés divers selon les sujets concernés par les avancées technoscientifiques et surtout selon la finalité sincère de leur usage.

Mettons en discussion contradictoire un certain nombre d'exemples. La Sécurité sociale se prépare à sanctionner, par une taxe supplémentaire, les populations à risque qui ne feraient pas leur coloscopie tous les deux ans, au nom de l'intérêt commun de préserver sa santé et de limiter les frais de santé portés par la collectivité. Poussé aux limites dans la capacité de prédiction individualisée, cela conduit à l'émergence d'une nouvelle normativité des comportements alimentaires, sportifs, de prévention, dits responsables, dont la dissidence était permise par le passé par l'ignorance de la prédiction. C'est bien le centre de gravité du triptyque liberté, autonomie, responsabilité qui est pour le moins radicalement bouleversé.

La question écologique ne fait que renforcer cette situation. Sur un autre plan, que dire par exemple du neuromarketing, ou des récentes découvertes sur le cerveau qui laissent entendre une capacité externe de simulation et de maîtrise de son fonctionnement par la chimie, la génétique, ou simplement la maîtrise et l'anticipation des formes de réponses de ce cerveau à des stimuli externes ou internes par des prothèses ? Cela peut améliorer l'autonomie des personnes âgées, malades ou handicapées, mais, mis au service d'une volonté de contrôle et de maîtrise à des fins politiques ou mercantiles, cela peut conduire à une restriction radicale des choix individuels, ou à une influence forte, et donc réduire la liberté de choix. L'usage des psychotropes ou des images violentes avant les publicités, qui augmentent la réceptivité et la mémorisation des cerveaux des téléspectateurs, en est un bon exemple.

Mais le fait de savoir que cette influence existe peut m'aider à choisir de ne plus regarder certaines choses et donc me permettre d'augmenter mon autonomie en réduisant volontairement ma liberté de consommation audiovisuelle à certains moments ou dans certaines conditions. Les *nudges* qui sont définis par nature comme des incitants graphiques ou techniques aidant chacun à faire le bon choix dans l'intérêt collectif et donc non contraignants, voire autonomisants (ils vous aident par exemple à bien faire le choix d'éteindre ou pas en sortant d'une pièce au lieu de simplement oublier d'éteindre par étourderie), on peut les regarder positivement. Mais les découvertes que va stimuler la recherche sur les *nudges* peuvent être utilisées à des fins désautonomisantes (marketing, manipulation du personnel, du citoyen...).

Prenons un autre exemple. Qu'en est-il de la liberté d'être délinquant, et bien sûr d'être réprimé, quand le *big data* et les caméras peuvent me suivre, me reconnaître, me surveiller, me bloquer avant l'acte, prévenir mes comportements déviants... Mais si cela m'aide à éviter la prison, c'est ma liberté future qui est préservée. Autre exemple. Qu'en est-il de ma liberté de ne pas savoir, quand la « machine » peut me dire que je déclencherai un Alzheimer dans vingt-cinq ans ? Le fait de le savoir augmente mes capacités d'anticipation et de prévention pour mes proches sur le plan financier par exemple et donc augmente mon autonomie de décision et d'organisation de la réponse adéquate. Mais en même temps, l'assurance dépendance, informée de cette probabilité extrême, peut refuser de faire porter un risque avéré par la cotisation solidaire des autres, et pose la question de la mutualisation du risque.

On voit dans tous ces exemples que l'on peut considérer chaque fois des scénarios opposés en matière d'autonomie ou de liberté. Mais au total, on voit bien que l'augmentation fulgurante des performances de ces technosciences, c'est-à-dire pour moi de l'alliance entre la science, l'économie et la technique, n'est pas neutre, car la question clé devient celle de leur puissance créatrice ou au contraire destructrice d'autonomie et de liberté. Cet enjeu est d'autant plus crucial que la perte de contrôle de ces machines pseudo-intelligentes en réseau est déjà en route corrélativement à leur autonomisation. Elles sont passées du statut d'objets inertes prolongeant le geste humain (calculette) à celui d'acteur réseau de la systémique globale de l'humanité (tablette intelligente connectée) pour gagner celui de coauteur réseau (agents intelligents interconnectés).

Une connaissance partagée et délibérative de leur finalité, c'est-à-dire de l'essence qui précède leur existence (aux mains de quoi et de qui elles vont tomber, et pour faire quoi), devient de plus en plus fondamentale, et encore davantage si l'hypothèse folle défendue par Nick Bostrom et d'autres scientifiques américains avec lui s'avère réaliste. À savoir l'avènement de supermachines presque existentielles, c'est-à-dire dont l'existence (perfectibilité et historicité) primerait l'essence de leur conception (logiciel de programmation). La montée en conscience individuelle ou collective débouchant sur un véritable contrôle individuel et social, un vrai discernement pour faire de ces machines des outils autonomisants, « capacitants » et développeurs de solidarité et non l'inverse, va devenir cruciale, urgente et peut-être hors de portée des systèmes d'éducation compte tenu de la vitesse de leur déploiement.

Mais ne s'agira-t-il pas toujours d'un « simili-sujet », car jamais, ou alors dans un futur trop indéterminé, la machine ne pourra être réellement pensante dans le sens global et humain ?

Beaucoup le pensent, y compris moi. Il faut noter d'ailleurs que la science échoue toujours à modéliser le cœur même de la subjectivation humaine, ce que les philosophes appellent l'âme depuis plusieurs millénaires. C'est pour cela que je parle de simili-sujet ou de machines pseudo-pensantes. Mais, en théorie purement spéculative (la science est souvent spéculative), si nous admettons, ce qui n'est pas mon cas, que l'homme n'existe que dans sa réalité biochimique, alors il est mathématiquement modélisable ainsi que toutes ses interrelations sensorielles avec son environnement. Ce n'est qu'une question de quantité et de puissance de traitement et de stockage des données dans des proportions sans commune mesure avec ce qui est prédit dans la loi de Moore sur ces capacités (1 000 milliards d'opérations par seconde). L'arrivée contemporaine des machines quantiques fait entrevoir des puissances de calcul et de stockage au-delà de ce que nous connaissons de la réalité du fonctionnement du cerveau humain (100 000 millions de milliards d'opérations à virgule flottante par seconde : FLOPS). Pour avoir en tête un ordre de grandeur, car il est encore très difficile de comparer la puissance des calculateurs avec celle du cerveau humain, tant les fonctionnements globaux restent différents (et pour le cerveau encore inconnus), on utilise une caractéristique qui est la puissance de calcul primaire (le cœur numérique) d'un calculateur. Elle se mesure en pétaFLOPS, c'est-à-dire en millions de milliards de FLOPS (FLOPS : nombre de calculs à virgule flottante par seconde). Pour le cerveau, selon la nature des tâches à réaliser, le résultat est très différent. Sur certaines tâches, il faut au plus gros calculateur au monde presque une heure pour faire ce que le cerveau fait en une seconde et demie. Ainsi, selon les expériences, on estime le cerveau à un équivalent situé entre 5 PFLOPS et un million de PFLOPS. Les plus gros calculateurs du monde, en Chine, aux États-Unis, au Japon, se battent pour les dix ans à venir sur la crête des 100 à 300 PFLOPS.

Alors bien sûr, les machines quantiques feraient exploser rapidement ces comparaisons en faveur de la machine. De plus, elles sont d'une complexité de production et d'exploitation hardware extrême. On sait qu'aujourd'hui aucun cerveau humain ne saurait produire le logiciel sans erreur pour exploiter une telle machine, ou même que la preuve (sans erreur) d'un tel logiciel nécessiterait tous les atomes de l'univers. Mais qui peut garantir que ces machines ne pourront jamais produire des logiciels apprenants et autocorrecteurs par des concepts disruptifs écartés du champ scientifique actuel ? nous dit Nick Bostrom. Cela s'est vu par exemple quand on est passé de la vision géocentrique (Aristote) à la vision héliocentrique (Copernic, Galilée) en astronomie. Donc, même si le principe d'incomplétude nous amène à être prudents, il peut aussi à l'inverse nous amener à imaginer un scénario dans l'angle mort aujourd'hui, celui de l'existence future de telles machines.

La courbe de la maîtrise par la science du réel se

rapproche de son asymptote (le réel), sauf à penser que, le réel lui-même n'étant qu'une représentation, il continue à s'éloigner de l'asymptote au fur et à mesure des nouvelles découvertes scientifiques. Et donc ce scénario de la machine pseudo-pensante ne peut être écarté dans le champ de la science et de la raison.

N'est-ce pas un dépassement du sens de la liberté issue des Lumières et de l'humanisme qui lui est lié ?

La liberté issue des Lumières, qui reconnaît à l'homme la possibilité d'être en excès par rapport à ses déterminants biologiques et socioculturels, de s'affranchir, de s'extraire de ces déterminants communautaires, de ses traditions pour exercer y compris contre la nature (au sens matériel) sa pleine liberté, le conduit paradoxalement par les technosciences à réduire le terrain de l'indéterminé, et celui du choix individuel libre et responsable. L'humanisme des Lumières a arraché l'homme noyé dans les déterminants des communautés religieuses ou traditionnelles, et lui a permis en quelque sorte de s'émanciper et donc d'exister en tant que « un », « individu ».

En ce sens, l'humain devient légitime lorsqu'il veut prendre son destin individuel et collectif en main, y compris en transformant son propre corps, sa propre vie, en s'augmentant par la technique. L'anthropocentrisme de l'humanisme des Lumières poussé aux limites ouvre sur le droit à disposer de son corps, de son destin individuel et collectif et il légitime l'usage de ces techniques sans autre limite que la règle d'or qui dit que cette liberté s'arrête où commence celle des autres, et que le souci de l'autre doit primer son propre désir de puissance. « Mais c'est justement là qu'est l'os. » La question de la liberté sans limites de disposer de son corps et de la nature en général est déjà problématique pour le chrétien que je suis.

En quoi ?

J'ai le droit et suis légitime en tant que chrétien ou simplement humaniste de penser que l'histoire elle-même que construit notre espèce sur cette planète depuis le fond des temps a un caractère sacré et nous dévoile un peu plus chaque jour la loi universelle de notre humanité. En tant que chrétien, je le fais au nom de Dieu, en éclairant chaque jour mes décisions raisonnées et raisonnables, en actualisant sans cesse la manifestation de l'esprit dans mes actes, la loi éternelle se manifestant à moi et me permettant de participer à sa révélation. Je peux le faire en tant qu'humaniste agnostique, en respectant au plus profond de moi l'aspect herméneutique de notre histoire permettant dans son récit d'identifier la loi naturelle sans cesse actualisée (à ne pas confondre avec la loi de la nature). Je suis par exemple légitime pour considérer comme essentiel à partir de ma raison d'être le fruit d'une relation charnelle et sexuée, signifiante du point de vue de l'amour, porté par l'aléa de ma naissance. Je le suis également quand je dis que cela fonde anthropologiquement mon état de sujet libre, créé et non pas produit, et me différencie du simple objet du désir de mes géniteurs ou de ceux qui chercheraient à en prendre le contrôle total et donc totalisant, voire totalitaire.

Le fait de n'appartenir en réalité à personne d'autre en tant qu'objet qu'à quelque chose qui me dépasse (que je peux appeler ou non Dieu, que je peux considérer comme donné ou construit – transcendance dans l'immanence) ouvre ma liberté plutôt que de la réduire. Dans les situations permanentes où est possible une interprétation singulière (dans une situation donnée) de la loi naturelle universelle (j'insiste sur le fait qu'il ne s'agit pas là d'une loi biologique ou de la nature mais de la nature rationnelle de l'homme), je construis en liberté ma relation à l'Universel (pour moi chrétien, à Dieu). Je peux le faire en dehors de toute idée de dogme absolu porté par une Église prescriptive, mais éclairé par elle qui, en aidant l'humanité dans son discernement, doit se demander en permanence et en même temps : « Qui suis-je pour juger ? »

On voit alors qu'il est légitime de se demander chaque fois qu'il s'agit d'augmenter l'humain, de le « prothéser », de le transformer génétiquement ou technologiquement : quel en est le dessein, la finalité ? Est-ce qu'au regard de la loi naturelle et du principe de sacralité de tout être généré par deux humains, de ce qui me semble essentiel dans mon état d'humain doté de raison, le troisième ordre de Pascal, la charité, la compassion y compris vis-à-vis du plus faible, du plus pauvre ou de l'être futur souffrant d'un handicap lourd, je crois ma décision singulière la plus ajustée possible ? C'est dans cette interaction non réglementée que se joue ma relation au divin, ou, pour les non-croyants en Dieu, la dimension spirituelle, cosmologique.

Je comprends, mais alors en quels termes se pose-t-elle pour les non-croyants ?

La question qui se pose à tous est alors bien celle de la finalité de cette prise de contrôle. Qui va décider et au profit de qui ? Des algorithmes prétendument vertueux maîtrisant une nouvelle phase de l'évolution de notre espèce, sur le modèle de Darwin mais sans l'aléa de la génétique, sur le modèle de la noosphère de Teilhard de Chardin mais sans Dieu ? C'est une nouvelle phase de l'évolution maîtrisée par la raison et la science, par tous et personne, qui se fonde sur une « haine de soi » justifiant une rupture herméneutique de notre historicité qui pourtant fonde notre espèce (« il faut absolument améliorer, augmenter l'homme qui n'a produit que des catastrophes »).

Les deux piliers du sujet humain qui sont la perfectibilité et l'historicité entrent en déséquilibre, la perfectibilité prenant le pas sur l'historicité. L'homme devient dans ce scénario l'objet d'un désir, mais celui de qui et au service de quelle puissance ? Avons-nous déjà eu et pensons-nous pouvoir avoir la maturité politique, sociale, culturelle, spirituelle et de conscience pour maîtriser dans l'intérêt de tous, des plus pauvres, des plus démunis, de notre planète, de son écologie, une telle potentialité de maîtrise, de domination, d'aliénation ? À ce sujet le pape dit, et cela ne s'adresse pas qu'aux chrétiens mais à toute la communauté humaine : « Mais nous ne pouvons pas ignorer que l'énergie nucléaire, la biotechnologie, l'informatique, la connaissance de notre propre ADN et d'autres capacités que nous avons acquises, nous donnent un terrible pouvoir. Mieux, elles donnent à ceux qui ont la connaissance, et surtout le pouvoir économique d'en faire usage, une emprise impressionnante sur l'ensemble de l'humanité et sur le monde entier (*LS* 104). [...] Le problème est que nous n'avons pas encore la culture nécessaire pour faire face à cette crise ; et il faut construire des leaderships qui tracent des chemins, en cherchant à répondre aux besoins des générations actuelles comme en incluant tout le monde, sans nuire aux générations futures » (*LS* 53).

La démocratie n'est-elle pas elle-même en danger ?

Elle l'est, car elle semble incapable de maîtriser ce qu'elle a au fond enfanté, en libérant l'homme, en l'émancipant en tant qu'individu, en lui apprenant les vertus d'un affranchissement vis-à-vis de ses propres instincts biologiques, pour l'intérêt général, le bien commun et l'égalité. Il semblerait que certains veuillent poursuivre ce mouvement humaniste d'émancipation et de contrôle collectif du destin jusqu'au transhumanisme, c'est-à-dire permettre à l'homme de se transformer lui-même, de s'augmenter, pour, c'est ce qui est annoncé par certains transhumanistes, être meilleur collectivement, tous plus soucieux du bien commun, à la fois plus libres et plus égaux. Il est bien sûr permis d'en douter lorsque certaines tendances transhumanistes s'habillent des apparences d'un humanisme profond et libéré, y compris du poids de la prescription des États, voulant réformer l'humain jusque dans sa réalité biologique et sociale au nom du troisième ordre de Pascal, la charité !

*On en revient à la question des limites et au renouvellement des régulations. Comment les envisager au niveau mondial ? Existe-t-il des alternatives au pouvoir techno-économique tel qu'il est vu dans le cadre de l'ultralibéralisme (pouvez-vous donner des exemples ?) afin, comme dit le pape François, de préserver la liberté et la justice : « Il devient indispensable de créer un système normatif qui implique des limites infranchissables et assure la protection des écosystèmes, avant que les nouvelles formes de pouvoir dérivées du paradigme techno-économique ne finissent par raser non seulement la politique mais aussi la liberté et la justice » (*LS *53) ?*

Face à cet emballement apparemment inéluctable, il suffit de bien regarder pour voir partout se construire des alternatives. Elles sont dans l'informel, dans le chaos, portées par la coopération. Elles se fondent sur des valeurs de partage, d'altruisme, de respect de l'environnement. Elles sont résilientes et portent l'altérité. Mais ce qui me différencie de nombreux idéalistes du « co » est que je ne crois pas que ce passage au mode maillé coopératif, cet aplatissement, ce passage du vertical au latéral, ce tissage du « cerveau mondial » suffira à lui seul, sera en quelque sorte autoporteur, d'une régulation intrinsèque faisant converger notre monde vers plus d'humanité, plus de respect du bien commun, du plus fragile, de la diversité, de la maison commune (même si je crois qu'il peut le favoriser, en créer les conditions, en accélérer le déploiement)... Il va donc falloir réarticuler, retisser de la régulation mais en la réinventant. Je citerai Luc Ferry : « Face à l'ampleur et la radicalité des interrogations soulevées par le transhumanisme comme par l'économie collaborative, certains penseront que l'idéal de la régulation n'est pas assez radical, justement trop ouvert aux compromis, trop accommodant, bref trop social-démocrate pour être honnête. Pour les ultralibéraux, partisans optimistes du laisser-faire, laisser-passer, il semblera un retour aux vieilles lunes étatiques... Pourtant, la régulation est la seule voie plausible, la seule issue dans des démocraties au sein desquelles l'imposition de limites est devenue aussi cruciale que problématique, et ce pour des raisons qui n'ont rien d'anecdotique, mais touchant au contraire à la structure essentielle, à proprement parler métaphysique, des sociétés modernes au sein de la mondialisation [1]. »

Pour comprendre simplement les enjeux d'une réarticulation de ce qui émerge dans ces nouvelles formes de coopération (communautés Internet, réseaux sociaux, communautés d'initiative...) avec les institutions traditionnelles publiques et privées, vous utilisez l'analogie de ce qui relie une classe dans une école et sa cour de récréation.

En effet, cette analogie permet d'en appréhender une vision simplifiée.

Ce qui se passe dans ces nouveaux rapports en réseaux

1. Luc Ferry, *La Révolution transhumaniste*, *op. cit.*, p. 199.

informels et désintermédiés n'est en effet pas sans rapport avec la sociologie d'une cour de récréation. Non pas que les mutations contemporaines relèvent d'une activité de détente ou de distraction, mais des analogies fortes existent sur le plan de la dynamique des groupes et des acteurs. Dans la cour de récréation, l'ordre des jeux et le désordre des initiatives cohabitent au sein d'un espace foisonnant de coconstruction de relations sociales fondées sur l'envie et l'énergie. Les thèses et les jeux du passé se reproduisent, mais dans le même temps émergent des trouvailles surprenantes, innovantes et inventives, issues de la naïveté enfantine.

C'est un lieu d'émergence cocréative, de résilience par rapport à la classe, d'émergence de solutions alternatives, parfois subversives. C'est un lieu permanent d'inventivité et d'apprentissage de la vie réelle, d'une autonomie pratique au cœur des rapports de coopération mais aussi de compétition et de force. La cour de récréation est aussi le lieu des dominations implicites, de la loi du plus fort, du racket. Et si elle est mise sous surveillance, sous influence, sous contrôle, par des groupes organisés souhaitant l'investir à leur propre profit, elle peut être le terrain ouvert d'une domination et d'une exploitation sans limites des plus faibles, des plus fragiles. Mais si la classe ou ses représentants viennent en réguler les excès, alors ce n'est plus ni la cour de récréation ni la classe.

Si nous utilisons la métaphore de la cour de récréation, l'analogie entre société et école, ne peut-on dire qu'avec la convergence Internet, l'explosion du mode coopératif maillé, l'augmentation fulgurante des espaces de créativité autonome ou en communauté de proximité, nos sociétés se sont dotées de nouvelles formes de cours de récréation (cours de recréation) qui, par leur ampleur, leur influence, leur taille, le nombre de participants, l'engouement des acteurs, viennent plus que perturber la classe, les classes dans leurs codes, leurs règles, leurs normes ? D'une annexe de détente pour l'école, elles deviennent le cœur d'une activité principale, la classe étant progressivement réduite au statut d'annexe. En un mot, chacun peut avoir le sentiment que la cour de récréation prend le pas sur la classe.

Et vous dites que sur Internet, des formes de communautés assez proches des cours de récréation apparaissent ?

Les réseaux sociaux, mais aussi les communautés durables de jeu, de création en *open source* ont quelque chose à voir avec la sociologie des cours de récréation. En quelque sorte, les « cours de récréation virtuelles » se multiplient, même si des différences de taille existent avec les cours de récréation classiques : non pas entre physique et virtuel, mais entre pérenne et volatil. Les communautés physiques de l'école sont pérennes et situées dans un cadre institutionnel ; elles répondent à des règles explicites et à une finalité identifiée. Les communautés Internet, quant à elles, sont dans la toute-puissance et l'autocontrôle (« quand on veut, où on veut »), dans l'immédiateté (« juste à temps, au moment du besoin, sans impératif de mémorisation, dans une consommation immédiate, un moindre effort, un temps optimisé »). Les interactions et les relations se situent au sein de communautés choisies, consommables, volatiles, sans exigences ni codes rigides (langages), avec un anonymat possible. L'expression de soi y est permanente, sans engagement ni conséquences, sans nécessité de codes formels importants. Chacun peut s'ériger en producteur de contenu : « Venez comme vous êtes », « tous experts, tous talentueux ». Il règne une certaine *digital dependance* ; la pensée y est très contextuelle, situationniste, presque instantanée, fortement liée à l'information trouvée à un instant donné. L'investigation y est facile (Google, Wikipedia, etc.), ciblée, réactive, avec, dans les termes de Marc Tirel, les risques de cécité liés à Internet[1].

Par contraste, dans une classe et plus généralement dans une communauté physique (village, famille, etc.), le rapport au temps est différent. Une certaine lenteur est possible. L'effort, la persévérance et même la contrainte existent davantage ou, pour le moins, plus explicitement. L'obligation d'accepter des codes, des règles, des langages dans la durée est au cœur des dispositifs sociaux. Ils se caractérisent par de la frustration et de la satisfaction en temps différé, des interactions et des relations avec des communautés imposées, engageantes et codifiées. L'expression de soi, organisée et inscrite dans une histoire collective durable, constitue le cœur de l'apprentissage social ; apprendre et retenir sont intimement liés. Le statut de l'expert est reconnu, respecté. La pensée autonome cherche à se fonder sur un savoir « rémanent », qui dure au-delà des événements, des informations

1. Marc Tirel, *Tout va trop vite*, livre numérique, Bayard, juillet 2014.

instantanées, des situations sociales rencontrées, des opinions et présupposés conjoncturels. L'investigation est fastidieuse, laissant une large part au hasard, à l'effort.

Comme nous basculons d'un univers dans un autre, l'institution « École » aurait beaucoup à gagner à se refonder dans ce qui se passe dans ses cours de récréation. Il y existe créativité, socialisation, apprentissage collectif, capacité instituante et édiction de normes collectives. La cour de récréation est une bonne illustration pour comprendre l'entrée dans l'ère de la recréation que notre monde est susceptible de connaître.

Alors faut-il renforcer de façon unilatérale le pouvoir de la classe et de ses normes, celles de la pédagogie instituée, organisée, sur le modèle de ce qui se vit dans la subversion parfois violente des cours de récréation en prenant le risque d'en accentuer les excès ?

Face à l'explosion de ces cours de récréation, il faut probablement au contraire les regarder comme des cours de recréation et reconstruire nos institutions en acceptant de briser les codes. Au travers de cette métaphore de l'espace de reliance que constitue la cour de récréation, et de ses interactions avec l'institution « École » symbolisée par la classe, commence à émerger l'idée de la nécessaire réinvention de l'*upperground* (l'École, la classe) dans l'*underground* (la cour de récréation), avec la nécessité d'inventer le bon *middleground* (structure intermédiaire) permettant cette réinvention réciproque. Car cela ne peut être la classe elle-même, ni la cour de récréation elle-même qui réinventent une nouvelle interaction.

Pouvez-vous citer un exemple de ces structures intermédiaires ?

Par exemple, des instances d'observation et de régulation de ce qui se passe dans la cour de récréation, maîtrisées par les élèves eux-mêmes sous accompagnement des adultes, pourraient émerger. Cette observation-action, son impact et ses résultats pourraient constituer un des sujets d'apprentissage formel dans la classe d'éléments de sociologie, de philosophie, voire d'économie, de sciences politiques ou de civisme. Un *tiers lieu* entre la classe et la cour de récréation pourrait naître. Il ne serait ni sous la domination totale des adultes enseignants, ni sous celle des enfants.

Vous préconisez la recherche d'un nouveau rôle de médiation à inventer. Dans vos livres, vous parlez en effet de « tiers lieux » pour cela. Pouvez-vous expliciter ?

Si nous regardons bien, c'est exactement ce qui émerge dans ces tiers lieux qui fleurissent partout dans le monde. Des espaces transitionnels non jugeants permettant de retisser quelque chose du lien entre l'émotion et la raison, la pulsion libre et les codes, l'informel et le formel, les temps courts et les temps longs. Mais cette recréation en cours, cette réinvention d'une nouvelle articulation entre *upperground* et *underground* peut-elle se faire sans cadre, sans finalité, sans référence à des valeurs explicites, dans une immanence non transcendée par un « supplément d'âme » issu du monde des idées de Platon : l'idée du beau, du juste, du vrai ?

Quelles sont, selon vous, les nouvelles attitudes permettant d'assumer cette transition ?

Rester confiant, croître en conscience et continuer de s'émerveiller de l'homme ! Il s'agit de le faire tout en exerçant une vigilance dont les modes d'exercice doivent être réinventés. Cette vigilance doit se renforcer sur la double dimension de la rationalité, à savoir tant la rationalité technique et économique que la rationalité morale : rechercher l'épanouissement de l'homme, de tout l'homme. Cesser de penser que la rationalité technique et économique peut à elle seule porter l'avenir de l'humanité dans une régulation interne à ces champs. Plus que jamais, faire intervenir de façon explicite au cœur de cette rationalité la recherche incessante du bien à tous les niveaux, individuel, microcommunautaire et macrocommunautaire.

En conclusion, si vous deviez expliciter en quoi votre foi chrétienne nourrit de façon singulière votre réflexion et votre action sur ces sujets, que diriez-vous ?

Plein de choses, tout. Mais principalement deux ou trois choses. La double conscience du mal et du bien qui m'éloigne à la fois d'une naïveté béate et d'une désespérance qui inhibe l'action. « L'espérance ne déçoit pas », disait saint Paul. Un rapport distancié à la toute-puissance, car je crois vraiment qu'il y a quelque chose de plus que nous, que l'humanité n'est pas sa propre finalité avec tous les droits existentiels d'en jouer. Ma longue participation militante et opérationnelle (éducation populaire) au personnalisme d'Emmanuel Mounier qui a fait sens dans ma vie, au cœur de l'enseignement social de l'Église qui est une confrontation, une incarnation dans le réel de la pensée chrétienne sur les enjeux sociaux et économiques. Il est plus que temps d'élaborer une pensée de l'Église en matière de technosciences sur le modèle de la pensée sociale, c'est-à-dire incarnée dans l'action réelle. Il s'agit d'annoncer la transcendance de Dieu et de nous éloigner des processus sans sujets, c'est-à-dire de ces réseaux techniques autonomes qui pilotent un peu plus chaque jour l'humanité dans une immanence sans vertu préméditée, sans finalité, et dont l'Homme est en quelque sorte dépossédé. Les technosciences ne sont plus aujourd'hui le simple sous-produit des modèles socioculturels qui les portent. Elles conquièrent un statut autonome, deviennent un acteur réseau à part entière, structurant. Il est plus que temps de les penser en tant que telles pour faire vivre à notre humanité une bifurcation salutaire avant que l'humanité ne s'échappe à elle-même. *Laudato Si* en est une étape fondatrice.

En conclusion de ce chapitre

L'analyse de l'encyclique *Laudato Si* et l'interview de Pierre Giorgini illustrent, chacune dans son champ propre, les interactions complexes qui régissent la convergence des trois révolutions du numérique, de l'économie mondialisée et des technosciences, et leurs impacts sur la nature et toute la société. « Tout est lié », comme le rappelle sans cesse le pape.

L'approche d'une écologie globale par le pape François fournit un cadre large et ouvert pour aborder les grands enjeux de notre société d'aujourd'hui, avec de fortes interpellations fondées sur une vision de la dignité de l'homme, de tout homme, au regard de son Créateur. Appliquée plus directement aux technosciences, elle permet de mettre en évidence un quadruple questionnement sur les attitudes de l'homme face aux évolutions parfois fulgurantes d'aujourd'hui : sur le regard que l'homme pose sur la nature, lieu de ressources à accueillir mais aussi à respecter ; sur le pouvoir que l'homme, par les technosciences liées à l'économie libérale, peut exercer sur la nature, sur les autres et sur soi : jusqu'où ? ; sur l'emprise que la culture technique peut exercer sur l'homme lui-même, dans ses choix et ses priorités : quelle vigilance ? ; sur la question du progrès et des composantes de ce progrès : le « tout technique » n'apporte pas le bonheur, il faut une éthique sociale solide, une anthropologie solide, une spiritualité solide.

Pierre Giorgini, scientifique et manager, tente une audacieuse et pertinente aventure pour aider à voir, au cœur des défis éthiques majeurs de notre temps, avec l'effondrement des institutions et des manières de penser de jadis, de nouveaux espaces de recréation. Il parle de tiers lieux coopératifs où s'élaborent peut-être de nouvelles formes de sagesse qui permettront d'orienter la « convergence Internet » dans un véritable service du bien commun. Pierre Giorgini n'est pas naïf et insiste sur les dangers de courants comme le transhumanisme sur fond d'ultralibéralisme, notamment en termes de machines intelligentes et d'intelligence artificielle. Il se retrouve dans les interpellations du pape François. Il montre aussi avec précision comment le sens de l'homme est bouleversé par ces trois révolutions aboutissant à une transition qu'il qualifie de fulgurante… pour une recréation qu'il espère aussi fulgurante, mais qui est loin d'être gagnée !

Avec les écrits du pape et ceux de Pierre Giorgini notamment, on constate de nouveau que les vieux mythes de l'humanité, comme celui de Prométhée, résonnent de manière pertinente. Il en va de même du célèbre épisode de l'arbre de la connaissance du bien et du mal dans le texte de la Genèse, bien compris. Comme si les périodes de transition et d'incertitude, liées à des changements de paradigmes, étaient propices à faire ressortir, comme souvent, le meilleur et le pire de l'humain ! Comment favoriser le meilleur ?

4

Interactions entre biologie et psychisme : nouvelles ouvertures

Un vivant complexe

Depuis bien longtemps nous entendons parler de maladies psychosomatiques. Selon nos sensibilités personnelles, nous y prêtons beaucoup ou très peu d'attention, bien que de nombreux exemples touchent notre vie personnelle et familiale.

Par souci d'objectivité, les scientifiques des sciences dures, les biologistes notamment, sont restés majoritairement à l'écart de l'étude des interactions réciproques entre psychisme et biologie, contrairement à certains médecins. Beaucoup se sont concentrés sur l'influence de la biologie sur le psychisme, certains allant jusqu'à prôner que le psychisme était directement « produit » par le biologique. Mais peu se lançaient dans l'étude scientifique de l'influence du psychique sur le biologique. Les discussions et controverses sur le fameux « effet placebo » en sont une illustration.

Cependant, l'évolution des études en biologie et en médecine conduit à prendre davantage en compte la complexité du vivant, au-delà de l'aspect « mécanique » de ses fonctionnalités. En médecine, on parle de plus en plus de « santé globale ». Ainsi, le développement croissant des études sur le microbiote intestinal manifeste chez l'homme un jeu d'interactions subtiles entre l'écosystème que constitue ce microbiote et le cerveau en particulier. Nous y reviendrons.

De même se développent, depuis quelques années, des études sur l'épigénétique (branche de la génétique qui étudie la modulation de l'expression des gènes) et des études en neurosciences sur la plasticité cérébrale (évolution des circuits neuronaux). Ces études mettent en évidence de nouvelles ouvertures sur les liens réciproques biologie-psychisme. Elles demandent encore à être travaillées avec rigueur et il nous faut rester prudents sur l'ampleur des conséquences que nous pouvons en tirer. Cependant elles introduisent de nouvelles perspectives sur le vivant et sur l'humain en particulier.

Abordons maintenant quelques exemples significatifs à partir de publications scientifiques récentes ici synthétisées.

L'homme et son microbiote, comme exemple d'écosystème complexe

Plus de 100 000 milliards de cellules bactériennes d'une dizaine de milliers d'espèces différentes peuplent l'intestin de l'homme. Ce microbiote intestinal constitue l'un des écosystèmes microbiens les plus densément peuplés et divers que l'on connaisse. Stérile in utero, le nouveau-né est colonisé par un microbiote dont les bactéries dominantes atteignent rapidement une population telle que nous avons plus de cellules non humaines en nous que de cellules humaines ! Chaque homme adulte porte ainsi environ un kilo de biomasse microbienne dans ses intestins. Et un bon nombre de maladies nerveuses chez l'homme semblent dépendantes de l'état de ce microbiote, ce qui fait dire à certains qu'il constitue notre deuxième cerveau !

L'évolution des technologies et des outils analytiques rend accessible depuis quelques années le génome de la fraction dominante de cette communauté de micro-organismes associée à l'homme, le métagénome, que l'on considère aujourd'hui comme le deuxième génome humain. Les chercheurs qui l'étudient argumentent ainsi la question [1] : « Ces micro-organismes interagissent avec les résidus alimentaires non absorbés (principalement les fibres) et les cellules humaines, des cellules épithéliales qui tapissent la paroi intestinale mais aussi le premier pool de cellules immunitaires et le deuxième pool de cellules nerveuses de l'organisme. En termes de composition, chacun de nous est une symbiose unique. En effet, même si nous partageons un petit noyau d'espèces clés, très conservées, chaque individu héberge des espèces rares dont certaines lui sont spécifiques. Le microbiote, et plus encore le dialogue intime qui s'établit

1. Joël Doré, « Métagénome et société. Leçons et attentes de l'étude du deuxième génome humain », in Thierry Magnin et Pierre Monsan (dir.), *Éthique des technologies du vivant*, Vrin, 2014, p. 96.

entre le microbiote et l'hôte, sont remarquablement stables et contribuent au maintien de la santé et du bien-être à travers quatre fonctions majeures : 1) la physiologie intestinale et le développement du tube digestif, 2) la nutrition et la dégradation de composés d'origine alimentaire, 3) l'éducation du système immunitaire et 4) la protection contre la colonisation par des micro-organismes allochtones, notamment des pathogènes. »

Ce champ intéresse les nutritionnistes. Ils progressent dans la connaissance des aliments permettant de bien nourrir et d'« optimiser » le microbiote par des compléments alimentaires favorables. S'ouvrent ici de nouvelles perspectives industrielles.

La prise en compte de l'ensemble du microbiote intestinal dans ses interactions avec l'homme constitue une réelle révolution qui offre des perspectives multiples pour la promotion de la santé et du bien-être de l'homme. Les liens entre fonctionnalités du vivant et vécu sont à l'étude, avec de nouvelles perspectives pour comprendre et soigner certaines maladies de l'homme en lien avec son écosystème bactérien interne et son mode de vie. Bel exemple d'interaction « humain-environnement non humain » qui « font système ».

Exemple en assistance médicale à la procréation (AMP)

Dans un article récent intitulé « Le couple infertile. Entre biologie et psychisme », du journal *Gynécologie Obstétrique et Fertilité*, les équipes de recherche donnent des exemples cliniques qui montrent qu'en matière d'AMP, il n'y a pas d'un côté le corps et de l'autre la psyché. « L'Assistance médicale à la procréation (AMP), en raison du champ qu'elle couvre, à savoir la procréation, est un magnifique observatoire des interactions entre corps et psychisme, désir et inhibition, demande et blocage, haine et amour... Les techniques de l'AMP servent bien souvent de révélateur des liens entre ces termes, et des enjeux symboliques des couples en question. Il est intéressant de voir en quoi ces techniques sophistiquées fonctionnent non seulement comme solution à des problèmes d'infertilité – qui sont pluriels et variés – mais comme révélateur de problèmes humains que l'on pensait jusque-là contourner[1]. » Là aussi, bien des interactions biologie-psychisme « dans les deux sens » s'expérimentent.

L'exemple de l'épigénétique

Je m'appuie ici sur l'excellent dossier publié sur le site Internet de l'Inserm et réalisé récemment par Déborah Bourc'his ainsi que sur d'autres publications importantes[2].

---

1. Charlotte Dudkiewicz-Sibony, « Le couple infertile. Entre biologie et psychisme », *Gynécologie Obstétrique et Fertilité*, vol. XL, n° 9, p. 520-523.

2. Déborah Bourc'his, Inserm 934/CNRS UMR 3215/Université Pierre-et-Marie-Curie, Institut Curie, Paris, février 2015 ; Jörg Tost, *Epigenetics*, Horizon Scientific Press, 2008 ; Michel Morange, *L'Épi-*

L'épigénétique est la branche de la génétique qui s'intéresse à « l'expression des gènes ». Alors que la génétique étudie l'hérédité et les gènes, l'épigénétique s'intéresse à la manière dont ces gènes vont être utilisés par une cellule. Chacune de nos cellules contient l'ensemble de notre patrimoine génétique : 46 chromosomes hérités de nos parents (2 fois 23), sur lesquels on compte environ 25 000 gènes. Un gène est un segment d'ADN qui contient l'information nécessaire à la synthèse d'une ou de plusieurs molécules qui constituent les cellules de l'organisme. Le gène est dit actif/allumé/exprimé lorsque cette synthèse a lieu. Sinon, il est inactif/éteint/réprimé.

Il s'agit ainsi d'étudier les changements dans l'activité des gènes n'impliquant pas de modification de la séquence d'ADN. On sait que toutes nos cellules contiennent la même information, mais qu'elles n'ont pas toutes la même fonction : une cellule du foie n'a pas les mêmes fonctions qu'une cellule du cœur. De même, des jumeaux qui partagent le même génome ne sont jamais parfaitement identiques ! Dans ces exemples et dans bien d'autres, la clé de compréhension se nomme « épigénétique ».

Des changements liés à l'environnement

Les modifications épigénétiques sont induites par l'environnement au sens large, environnement biologique et psy-

---

génétique, *Études*, n° 4210, novembre 2014, p. 45 ; et Béatrice de Montera, « L'hérédité épigénétique : un changement de paradigme ? », in « Bergson ou la Science ? », *Implications philosophiques*, ISSN 2105-0864, 2014, p. 27-49.

chique. La cellule reçoit en permanence toutes sortes de signaux l'informant sur son environnement, de manière qu'elle se spécialise au cours du développement, ou ajuste son activité à la situation. Ces signaux, qui comprennent aussi ceux liés à nos comportements en termes d'alimentation, de stress ou de consommation de tabac, peuvent conduire à des modifications dans l'expression de nos gènes. Le phénomène peut être transitoire, mais il existe des modifications épigénétiques qui persistent lorsque le signal qui les a induites disparaît.

Concrètement, ces modifications sont matérialisées par des marques biochimiques, apposées par des enzymes spécialisées sur l'ADN ou sur des protéines qui le structurent, les histones. Les marques les mieux caractérisées sont les groupements méthyle (CH3 : un atome de carbone et trois d'hydrogène) apposés sur l'ADN, ainsi que diverses modifications chimiques des histones (méthylation, acétylation...).

Pour qu'un gène conduise à la synthèse d'une molécule, il doit être lisible, c'est-à-dire accessible à différents complexes protéiques qui interviennent dans ce processus. Les marques de méthylation localisées sur l'ADN vont le plus souvent obstruer les aires d'arrivée de ces complexes protéiques, conduisant ainsi à l'inactivation des gènes concernés.

Les marques épigénétiques, bien que réversibles, sont transmissibles au cours des divisions cellulaires. Ce phénomène est particulièrement important au cours du développement embryonnaire. Au sein de l'embryon, les cellules sont au départ toutes identiques. Elles vont rapidement recevoir des signaux très orchestrés les conduisant à activer ou inactiver certains de leurs gènes pour se différencier en telle ou telle lignée cellulaire et construire l'organisme. Les marques épigénétiques alors mises en place doivent se transmettre au cours des divisions cellulaires, pour qu'une cellule de foie reste une cellule de foie et une cellule osseuse une cellule osseuse. Certaines marques épigénétiques peuvent même passer à la descendance.

Effet du stress d'une maman sur le fœtus qu'elle porte

Les gènes, hérités de nos parents, sont donc entourés de marqueurs épigénétiques qui les « allument » ou les « éteignent ». La plupart de ces marqueurs se mettent en place pendant la grossesse. C'est dans ce cadre qu'est étudié l'effet de facteurs psychologiques comme le stress de la mère sur la modification épigénétique qui induira des conséquences sur l'expression de gènes du fœtus, et pourra éventuellement favoriser l'apparition ultérieure d'une pathologie. En fait, le stress durant la grossesse peut avoir des séquelles durables sur l'enfant, notamment sur le développement de son système immunitaire et son développement cognitif. Dès le stade fœtal, l'influence de l'environnement, psychologique notamment, peut avoir un effet biologique. Ce constat est de plus en plus fréquent, mais il faut rester prudent sur la généralisation des conséquences étant donné que les phénomènes étudiés sont multifactoriels.

Épigénétique et maladies

Il est désormais largement admis que des anomalies épigénétiques contribuent au développement et à la progression de maladies humaines, en particulier de cancers. Les processus épigénétiques interviennent en effet dans la régulation de nombreux événements. L'altération des mécanismes liés à la division cellulaire, à la différenciation (spécialisation des cellules dans un rôle particulier), à la survie ou à la mobilité favorise la transformation des cellules saines en cellules cancéreuses. Toute aberration épigénétique peut être impliquée dans la cancérogenèse.

De la même manière que l'on sait aujourd'hui obtenir la séquence d'un génome complet, il est possible de connaître l'ensemble des modifications épigénétiques qui le caractérise : on parle d'épigénome. C'est ce type d'approche globale qui permettra de mieux appréhender l'implication de l'épigénétique dans les maladies humaines. Si les marques épigénétiques sont réversibles, il doit être possible de corriger celles qui posent problème, en particulier celles associées à des maladies. Cette idée a conduit au développement de médicaments qui agissent sur les mécanismes épigénétiques pour éliminer les marquages anormaux.

Alimentation maternelle : quelles incidences sur l'expression des gènes ?

Au cours de la vie intra-utérine et pendant la lactation, une sous-nutrition entraîne des modifications autour de l'ADN à l'origine de pathologies métaboliques à l'âge adulte. Annoncés par le site Internet de l'Inserm le 20 juin 2011, les résultats d'une étude menée chez l'animal par des chercheurs du CNRS, de l'INRA et de l'Inserm – des chercheurs du Centre de recherche de l'institut du cerveau et de la moelle épinière (CRICM, CNRS/UPMC/Inserm) et de l'Unité de nutrition humaine (INRA/Université Clermont-I) – mettent en évidence, pour la première fois, de telles répercussions au niveau du gène de la leptine, l'hormone régulant satiété et métabolisme. Publiés dans *The FASEB Journal*, ces travaux pourraient avoir, à plus long terme, des impacts sur la prévention des maladies métaboliques, la procréation médicale assistée ou encore les soins aux prématurés.

Or l'alimentation comporte une « partie culturelle et psychologique » importante. Là aussi une interaction biologie-psychisme complexe intervient.

L'avis de Joël de Rosnay[1]

Joël de Rosnay indique que l'épigénétique est la modulation de l'expression de nos gènes en fonction de cinq comportements, connectés constamment dans nos vies de tous les jours : la nutrition, l'exercice sportif, la résistance au stress, le réseau social, amical ou familial, et le plaisir. Ces cinq éléments sont coordonnés dans un diagramme systémique. « L'ADN est comme cela, il y a des gènes qui

1. Site Universciences en 2014, série Regards sur le sport.

s'expriment, des gènes qui sont silencieux, des gènes qui sont inhibés et cela dépend de notre comportement... Réalisez ce que cela représente pour la médecine préventive, réalisez ce que cela représente pour vous... Vous pouvez être en partie responsable de votre santé... Oui, vous pouvez faire quelque chose pour vous, essayer d'être en meilleure santé est possible... Essayer de vieillir moins vite, cela a un intérêt non seulement pour vous mais cela a un intérêt social. »

Puis il ajoute : « C'est une grande révolution et cela va définir la médecine préventive de demain par rapport à la médecine thérapeutique et au poids des big pharma et des médicaments dont on n'est jamais trop sûr que leur interdépendance va vous causer plus de maladies que celles qu'ils essayent de guérir ; regardez ce qui est en train de se produire en ce moment avec des médicaments qui sont en train de se faire retirer du marché régulièrement. »

Voilà que nos modes de vie, nos comportements, notre volonté, bref, notre psychisme, ont une influence sur les mécanismes biologiques qui régissent certains éléments clés de notre santé liés notamment à l'expression de nos gènes. Ce que la psychologie dit depuis longtemps commence à être reconnu sur le terrain de la biologie. Et c'est un gage d'ouverture et de progrès, à toujours prendre avec prudence au-delà des effets d'annonce. De plus, la mise en évidence de ces relations réciproques entre biologie et psychisme revisite notre propre responsabilité. L'individu n'est pas seulement « assujetti » à son patrimoine génétique ; il devient acteur, en partie responsable de son expression.

Nutrition et gènes

Depuis une dizaine d'années, la connaissance du génome humain a permis de faire de nouveaux progrès dans le domaine de la nutrition (on l'a vu pour la femme enceinte), à travers trois grandes voies de recherche : la nutrigénomique, la nutrigénétique et l'épigénétique. Les données ici fournies proviennent du rapport récent de l'Académie des technologies sur le thème Aliments-Santé (2016).

La nutrigénomique étudie la manière dont les nutriments et micronutriments (comme les acides aminés, les acides gras, les glucides, des minéraux et des oligoéléments, des vitamines...) influencent l'expression de nos gènes. Ainsi on montre que la vitamine D module l'expression de plus de 200 gènes. On comprend le rôle de certaines vitamines et micronutriments par ce biais. Ainsi a-t-on pu montrer, en identifiant les mécanismes, que les caroténoïdes, lutéine et zéaxanthine que l'on trouve par exemple dans l'épinard et le brocoli préviennent la dégénérescence maculaire liée à l'âge (DMLA). D'autres études ont précisé l'effet positif de régimes spécifiques sur des régulations géniques liées au cancer de la prostate.

Ainsi est-on capable maintenant d'étudier, en réponse à l'apport d'un composant d'alimentation, l'expression d'une grande quantité de gènes grâce à des « puces dédiées ». Mais attention à des annonces spectaculaires avec des promesses correspondant à des éléments non encore véritablement établis : prudence, comme souvent dans les étapes des progrès technologiques !

La nutrigénétique analyse comment la nature du génome d'un individu peut influencer la manière dont il réagit à son alimentation. Ces analyses sont établies en vue de faire des liens entre les profils alimentaires et une expression des gènes favorable à la prévention d'états pathologiques. Pour le moment, dans le contexte de la nutrition, des recommandations en fonction du génotype ont été surtout envisagées dans des cas bien spécifiques de mutations dans des gènes codant des enzymes d'utilisation ou de conversion de nutriments. La nutrigénétique devrait permettre de corriger certaines insuffisances en améliorant les profils alimentaires. À titre d'exemple, plus d'un individu sur dix présente une variation génétique conduisant à une moindre efficacité dans le « prélèvement » du folate (ou acide folique – vitamine B9) à partir de l'alimentation et donc à des risques accrus de cancer et de maladies cardiovasculaires. Ces personnes devront donc consommer davantage d'aliments riches en folate comme les légumes verts.

L'épigénétique étudie donc comment l'impact des modifications chimiques des constituants de base de l'ADN, induites ici par l'alimentation, influence l'expression des gènes, de manière parfois héréditaire. Les expériences personnelles vécues au cours de notre existence – environnement physico-chimique, flore intestinale, facteurs psychosociaux – sont comme « inscrites dans notre biologie » à travers des « marques épigénétiques ».

Parmi les facteurs pouvant jouer sur l'expression des gènes, l'alimentation en est un très important. Aussi celle du fœtus et du jeune enfant est-elle particulièrement étudiée. On connaît l'importance du contexte de la gestation et du début de vie (notion des 1 000 jours) sur la santé à long terme et le développement des maladies chroniques. Ainsi le type d'alimentation de la mère (pendant la grossesse) a très clairement des effets épigénétiques de même que l'allaitement maternel et la phase de diversification de l'alimentation après six mois qui imprime préférences et aversions alimentaires de l'enfant et du futur adulte. Il y a là tout un terrain à continuer d'investir.

L'alimentation, la nutrition, la recherche d'aliments-santé comportent de nombreux aspects chimiques, biologiques et psychologiques (habitudes, volonté...). Il s'agit de l'un des secteurs les plus exposés aujourd'hui des rapports complexes entre biologie et psychisme. Aux interactions nutriments/gènes s'ajoutent des interactions plus larges entre gènes et entre les différents nutriments. L'alimentation est certainement un facteur de l'environnement très important pour moduler l'expression de nos gènes. Nous pouvons déjà en partie compenser des prédispositions génétiques à certaines maladies par une nutrition adaptée. Les futures applications de la nutrigénétique correspondront ainsi à un important enjeu de santé publique.

La plasticité cérébrale

Le cerveau est constitué de neurones et de cellules gliales étroitement interconnectées. La plasticité cérébrale décrit les mécanismes par lesquels le cerveau est capable de se modifier lors des processus de développement neuronal dès la phase embryonnaire et lors d'apprentissages. Elle s'exprime par la capacité du cerveau à créer, défaire ou réorganiser les réseaux de neurones et les connexions de ces neurones (synapses).

L'apprentissage modifie les réseaux neuronaux en favorisant l'apparition, la destruction ou la réorganisation non seulement de synapses mais également des neurones eux-mêmes. La plasticité cérébrale est un lieu typique d'interactions biologie-psychisme. Ces interactions sont particulièrement étudiées aujourd'hui pour les effets de l'apprentissage justement, qui intéressent tout particulièrement les soignants mais aussi les éducateurs.

Ainsi notre cerveau est malléable, réagissant et s'adaptant constamment aux sollicitations extérieures. En fonction des situations rencontrées, il modifie ses connexions, parfois pour de plus grandes capacités, parfois par des lésions selon les prises de médicaments ou de drogues. Le cerveau est donc un système dynamique en perpétuelle reconfiguration[1]. Cela donne beaucoup d'espoir aux personnes ayant

1. *Le Cerveau. Comment il se réorganise sans cesse*, *Les Dossiers de La Recherche*, n° 40, août 2010.

eu des accidents cérébraux pour récupérer, totalement ou partiellement, des fonctions par rééducation, quitte à utiliser d'autres circuits neuronaux qui n'étaient pas destinés à ces fonctions.

Dans un article passionnant, le neurobiologiste Pierre-Marie Lledo[1] rappelle comment le cerveau humain est une « merveille de complexité ». On pensait il n'y a pas si longtemps encore que le cerveau des adolescents atteignait sa maturité vers douze ans. En fait, la première singularité du cerveau humain est d'être lent à se développer puisqu'il n'advient pas à maturité avant une vingtaine d'années. Cela renforce l'importance de prendre soin de l'éducation et de l'apprentissage pendant cette période où se « sculptent » les circuits cérébraux. Une deuxième caractéristique se traduit par le fait que le cerveau du nouveau-né atteint à peine 25 % de la complexité du cerveau adulte, alors qu'au même stade celui du macaque a déjà atteint 75 %.

Pendant cette longue période de croissance, le cerveau de l'enfant reçoit des signaux du monde extérieur, interagit avec son groupe social et l'imite. Nul doute que les interactions biologie-psychisme dans les deux sens interviennent ici, comme le savent bien les psychologues et neuropsychologues. Il reste à comprendre ces mécanismes, ce qui est le travail des neuroscientifiques et biologistes. La transmission génétique est marquée pour l'humain par les interactions avec la transmission sociale, culturelle et technologique.

---

1. Pierre-Marie Lledo, « L'étonnante plasticité du cerveau humain », site web du *Figaro*, le 19 octobre 2012.

C'est par ce biais que des fonctions cognitives, comme le langage ou la pensée symbolique, sont apparues durant l'odyssée de l'espèce humaine, pour permettre l'immense saut qualitatif qui facilitera l'émergence du cerveau humain moderne avec ses capacités uniques d'abstraction, nous rappelle Pierre-Marie Lledo. C'est là que joue la plasticité cérébrale si forte chez l'humain : pour obtenir ces nouvelles facultés mentales, il est nécessaire d'avoir un système nerveux malléable, flexible et non plus précâblé, qui se nourrit des interactions avec l'environnement matériel et humain.

Beaucoup de chercheurs pensent que les différences neurobiologiques qui existent entre les êtres humains proviennent, certes, des caractères dont ils ont hérité, mais surtout de l'apprentissage qu'ils ont reçu et de l'influence du milieu dans lequel ils ont vécu. On ne peut mieux illustrer l'influence des actions réciproques et enchevêtrées du biologique et du psychique. Ces interactions participent à l'advenue d'individus uniques capables de s'adapter à des situations nouvelles. On pourrait se dire que certes nous sommes programmés, mais programmés pour apprendre ! Belle perspective pour « devenir homme », pleinement !

Cette étonnante plasticité du cerveau humain est très étudiée pendant la période de l'adolescence, période éducative critique ! Dans un article récent[1], Jay Giedd, directeur du département de psychiatrie de l'enfant et de l'adolescent de l'université de Californie à San Diego, montre qu'à

1. Jay Giedd, « L'étonnante plasticité du cerveau adolescent », *Pour la Science*, n° 456, octobre 2015, p. 45-50.

l'adolescence, le cerveau se reconfigure particulièrement rapidement pour s'adapter à son environnement. Dès la puberté, les organes génitaux libèrent des hormones qui agissent sur les neurones du cerveau dit émotionnel, ce qui stimule le besoin de s'affirmer et de découvrir le monde extérieur aux conditions de vie familiales. Les transformations du cerveau durant l'adolescence peuvent permettre ainsi des avancées fulgurantes en matière de cognition et d'adaptabilité, mais elles sont aussi source de risques psychologiques forts. Le professeur Giedd explique ces comportements à risque par le fait que le système limbique, impliqué dans les émotions, se développe plus tôt que le cortex préfrontal qui contrôle les impulsions. Cet écart pourrait expliquer que les accidents et le suicide soient les deux premières causes de mortalité chez les ados dans la société occidentale d'aujourd'hui.

On voit bien que mieux comprendre le développement du cerveau de l'adolescent peut donner quelques éléments clés aux éducateurs, même s'il est hors de question de remplacer la psychologie par les neurosciences ! Et en retour, le neuroscientifique ne peut que dialoguer avec les éducateurs et les chercheurs en sciences de l'éducation et en psychologie de l'enfant et de l'adolescent, pour approfondir son propre travail.

On apprend aussi que tout au long de la vie, tout en diminuant à l'âge adulte, la plasticité cérébrale de l'homme reste bien plus forte que celle des animaux. Enfin, beaucoup pensent que la plasticité cérébrale est une porte d'entrée nouvelle pour que neuroscientifiques et psychanalystes explorent ensemble les bases biologiques de l'inconscient[1]. Voilà ici résumés bien des éléments importants pour notre recherche en anthropologie à l'heure des neurosciences, des neurobiotechnologies en particulier !

L'exemple de la psycho-neuro-immunologie

La psycho-neuro-immunologie étudie l'impact des événements psychiques sur le système immunitaire. Elle montre des liens entre des disciplines très différentes comme la psychologie, la neurologie, l'immunologie et l'endocrinologie... pour mieux cerner les questions psychosomatiques justement ! On montre ainsi, sur le plan biologique, des liens entre stress et immunité, via certaines tendances immunologiques typiques. Les scientifiques indiquent notamment que les cellules du système immunitaire sont comme endormies à force de baigner dans le cortisol qui est l'hormone du stress.

Ainsi, le professeur Pierre Neveu, du Laboratoire de neurobiologie intégrative de l'Inserm, qui étudie les liens entre stress et immunité, montre que le stress est aujourd'hui considéré comme un phénomène psychobiologique complexe[2]. Ce terme désigne, pour Pierre Neveu, « un

1. François Ansermet et Pierre Magistretti, *À chacun son cerveau. Plasticité neuronale et inconscient*, Odile Jacob, 2011.

2. Site web de l'Inserm, *Stress et immunité : De la physiologie (intégrée) à la pathologie. Nouvelles voies de recherche*, Stress-stroma : systèmes d'interface impliqués (psycho-immunologie).

ensemble de changements non spécifiques, étroitement dépendants des conditions de la stimulation (nature, durée, facteurs psychologiques associés) et des particularités de l'individu auquel ils s'adressent (structure neuropsychologique innée ou acquise au fil de son histoire personnelle) ». De surcroît, le stress n'a pas la même valeur pour chaque étape de l'existence. Les différents facteurs qui entrent en jeu dans la définition du stress interviendront dans la réponse du système immunitaire qui est informé, par l'intermédiaire des systèmes nerveux autonome et neuroendocrinien, de stimuli cognitifs, émotifs et physiques intégrés par le cerveau. Les conséquences pathologiques peuvent être négatives pour la santé mais aussi parfois positives, jouant comme stimulant. Le professeur Neveu souligne ainsi que le stress, par ses activités sur les systèmes nerveux sympathique et neuroendocrinien (hypercorticisme, hypothyroïdie), entraîne des altérations biologiques comme une hypertension artérielle prédisposant à de nombreuses pathologies.

Plus que jamais on envisage un « homme global » pour une « santé globale ». Même s'il reste encore bien des progrès à effectuer dans ce sens, la tendance pour les biologistes de travailler, sur le plan biologique, aux interactions avec le psychisme, se confirme nettement, pour le service de santé globale.

L'homme bio-psychosocial

À travers la plasticité cérébrale, les relations entre le cerveau et le psychisme sont réciproques, et le biologique, le psychologique et le social semblent directement liés, voire enchevêtrés dans un système dynamique. L'épigénétique nous montre des traces sensibles de ces interactions dans l'ensemble du corps humain et les études sur le microbiote intestinal confirment l'aspect global de ces interactions. Les multifacettes de l'être humain interagissent : elles représentent un tout dans lequel le cerveau et le système nerveux ont un rôle d'intégration, lui-même marqué par la dynamique d'interaction.

On considère généralement en neurosciences que le cortex frontal est le support du niveau le plus élevé de l'organisation du cerveau. Cette région est le siège des fonctions cognitives les plus élevées et permet à l'individu de construire sa vie intérieure et son identité. Son expansion est du reste une caractéristique majeure de l'hominisation. Elle est le siège des capacités de l'homme à dialoguer avec lui-même et avec les autres, en interaction avec les autres niveaux d'organisation du cerveau et avec l'environnement biologique, psychologique et social[1].

Les neurosciences et les sciences humaines et sociales, avec des discours et des méthodes différents, s'attachent à

1. Jean-Marie Danion, « Du cerveau au psychisme », 2015, site web www.unitheque.com.

étudier les différentes facettes de l'homme bio-psychosocial. La tendance des neurosciences est souvent de chercher à naturaliser le psychisme, à faire des états mentaux des objets naturels que l'on explique par des états cérébraux, eux-mêmes réduits à des processus biologiques et physico-chimiques. Cette forme de réductionnisme peut aller du méthodologique (ce qui est le propre de toute science) à l'ontologique, ce qui relève davantage de l'idéologie. Il semble que se dégage depuis quelques années une tendance à considérer que l'on ne peut réduire l'étude des états mentaux, y compris les plus élevés en l'homme, aux déterminismes biologiques et chimiques[1], même s'ils s'enracinent en effet dans le cerveau et sont aussi soumis à ces déterminismes. Comme le disait déjà Paul Ricœur dans un dialogue difficile et resté célèbre avec Jean-Pierre Changeux[2], le discours sur l'homme est pluriel et l'unification de ces discours n'est pas aboutie. Tenir un discours global sur l'homme est aujourd'hui impossible. Vouloir réduire l'homme au discours des neurosciences serait préjudiciable, même si ces dernières ont beaucoup à apporter dans un dialogue d'ailleurs en cours avec les sciences humaines et sociales. Vouloir le réduire à de la biologie ne va-t-il pas à l'opposé de ce qu'il tente de faire, à savoir sortir de l'animalité pour devenir vraiment homme ! Et même si l'on peut penser que ce désir de « sortir de l'animalité » est inscrit dans sa biologie,

1. Arnold Munnick, *Programmé mais libre*, Plon, 2016.

2. Jean-Pierre Changeux et Paul Ricœur, *La Nature et la Règle*, Odile Jacob, 1998.

on voit bien qu'il y a là tout un travail que certains réussissent bien au-delà d'une simple « performance biologique ».

Qui est le « je » qui pense ? La question reste sans réponse définitive, ne serait-ce que parce qu'il y a toujours un « sujet personnel » qui pense et que les sciences en parlent essentiellement comme d'un objet. Quelque chose du sujet n'est alors pas pris en compte, quelque chose échappe à nos descriptions scientifiques[1].

Chaque discipline cherche à définir le « propre de l'homme ». Certains pensent que l'homme est un animal comme un autre, que son libre arbitre est restreint, surtout quand il s'agit d'étudier les réflexes de survie ou la satisfaction de besoins élémentaires pour lesquels « l'animal qui est en l'homme » est le premier à réagir ! Il n'en va pas de même pour les décisions longuement mûries qui caractérisent aussi la vie humaine. Rien dans les neurosciences ne semble pouvoir montrer aujourd'hui que le libre arbitre de l'homme n'est qu'une illusion, tout en apparaissant en effet en partie déterminé biologiquement, mais aussi psychologiquement et socialement.

Nous avons mis en évidence des interactions subtiles entre les fonctionnalités du vivant et l'exercice de ces fonctionnalités influencé par l'environnement biologique et psychique. Il y a donc déjà une différence entre la description

---

1. Jean-François Lambert, « Peut-on encore parler de sciences humaines », in *Qu'est-ce que l'homme ?*, F.-X. de Guibert, L'Œil, 2010, p. 59.

des fonctionnalités et leur mise en œuvre dans un contexte particulier, entre les fonctionnalités du vivant et le vécu, pourrait-on dire. Assimiler l'expérience vécue à l'état mental étudié en laboratoire, c'est donc oublier que les neurosciences cognitives n'étudient qu'une version simplifiée, méthodologiquement préconçue et réduite de cette expérience. Ce qui est normal pour toute science.

Mais il ne faut pas oublier la limite inhérente au caractère objectivant de la méthode expérimentale : elle implique « la mise entre parenthèses de la personne et de sa vérité subjective », faite de représentations et de valeurs construites tout au long d'une histoire personnelle et collective, comme le dit si bien Georges Canguilhem dans toute son œuvre[1]. Le vivant ne saurait être déduit des lois physico-chimiques ; il faut partir du vivant lui-même pour comprendre la vie. Et nous sommes partis du vivant « vivant sa vie dans son environnement », pour mettre au jour notamment les interactions dynamiques entre biologie et psychisme. Ces terrains de recherche demandent donc une approche interdisciplinaire fine et un dialogue entre neuroscientifiques, psychologues, sociologues, philosophes et artistes. C'est ce qui se passe de plus en plus aujourd'hui et nous permet d'entrer dans de nouvelles perspectives de compréhension du vivant et de la vie.

Un autre facteur limitant doit ici être pris en compte, venant de la démarche scientifique elle-même et de l'épisté-

1. Voir par exemple Georges Canguilhem, *La Connaissance de la vie*, Vrin, 1965.

mologie des nanosciences appliquées au vivant. Lorsque nous parlons d'émergence du vivant et de la vie à partir de la complexification de la matière-énergie, que voulons-nous dire ? Il n'est pas sans intérêt de s'arrêter sur ce point avant d'aller plus loin dans les interactions biologie-psychisme.

La question de l'émergence du vivant et de la vie dans l'évolution

Le but de cette réflexion est de croiser les données relatives aux travaux récents sur le phénomène d'auto-organisation de la matière-énergie dans l'évolution avec ceux des physiciens quantiques qui montrent que le réel en soi est inatteignable par la science, pour discuter de la question de l'émergence, appliquée ici à la vie et au problème cerveau (corps)-esprit. Qu'est-ce qui émerge et d'où cela émerge-t-il ?

Auto-organisation et émergence : qu'est-ce qui émerge ?

Les deux notions clés de la complexification de la matière-énergie sont l'auto-organisation et l'émergence. L'auto-organisation est généralement comprise comme un ensemble de mécanismes par lesquels des structures sont produites au niveau global d'un système à partir d'interactions entre ses constituants à un niveau inférieur d'intégration. Les interactions entre constituants sont elles-mêmes produites localement sans aucune référence à une structure globale préconçue. Celle-ci est en fait une propriété émergente du système et non une propriété imposée de l'extérieur du système. Cette définition de l'auto-organisation implique la notion d'émergence de structures globales à partir d'interactions locales entre constituants et rétroaction.

Henri Atlan, dans son livre *Le Vivant post-génomique, ou qu'est-ce que l'auto-organisation ?*, décrit en détail l'histoire de la notion d'auto-organisation et des techniques de simulation numérique qui lui sont liées[1]. Il applique cette dynamique au système corps-esprit. Atlan souligne que, dans la plupart des cas, les propriétés émergentes ne sont que structurales. Des structures spatio-temporelles globales sont produites de façon non triviale par des contraintes relativement simples, déterministes ou stochastiques, au niveau des parties individuelles, du fait du grand nombre de parties en interaction. L'utilisation de modèles de réseaux de neurones permet par exemple de simuler des fonctions cognitives qui paraissaient hors de portée. Ces travaux ont produit des algorithmes de mémoires associatives, d'apprentissages non supervisés et d'autres comportements cognitifs, des algorithmes génétiques reproduisant la logique de l'évolution par mutation-sélection, dans des réseaux d'unités en interaction. Ces modèles, qui sont encore à améliorer, suggèrent des mécanismes possibles d'émergence qui n'ont pas besoin de recourir à des propriétés plus ou moins mystérieuses de

1. Henri Atlan, *Le Vivant post-génomique, ou qu'est-ce que l'auto-organisation ?*, Odile Jacob, 2011.

« la Vie » ou de « la Conscience » supposées a priori pour expliquer ces observations[1].

Ces modèles sont souvent mal interprétés, dit Atlan, et conduisent alors à un malentendu sur la notion d'émergence, comme s'ils montraient la possibilité d'émergence de l'esprit à partir de la matière, retombant par là dans les difficultés classiques du dualisme du corps et de l'esprit qui ne peut éviter l'interaction des relations causales entre l'un et l'autre. Pour Atlan, ce sont ces difficultés que le monisme spinoziste permet d'éviter. Pour Spinoza en effet, l'esprit et le corps sont « une seule et même chose, mais exprimée de deux manières[2] ». En nous appuyant sur les travaux d'Atlan en termes d'auto-organisation, nous pouvons au moins émettre la formulation suivante pour l'émergence de la structure corps-esprit : *corps/cerveau et esprit sont deux « événements » de la même structure qui ne peuvent exister et agir qu'ensemble au niveau du vivant et comme un tout* (le mot « événement » est la traduction de l'expression des « moments » de Rombach repris par Alexandre Ganoczy[3]). Reste une question majeure : d'où vient l'émergence ?

1. *Ibid.*, p. 31.
2. Baruch Spinoza (1667), *Éthique*, partie II, Éditions Ivrea, 1993, proposition 7.
3. Alexandre Ganoczy, *Christianisme et neurosciences*, Odile Jacob, 2007, p. 17.

D'où cela émerge-t-il ?

Le problème du matérialisme-réductionnisme en biologie est mis à mal par la physique quantique, qui montre que la matière n'est pas « chosifiable » et que le fond des choses échappe au physicien. Le réel est « voilé » et le scientifique se trouve en condition d'incomplétude. J'ai travaillé pendant plus de vingt ans cet aspect de l'incomplétude du chercheur en physique quantique et j'ai publié de nombreux articles et ouvrages sur ce thème. Je me contenterai ici d'en rappeler l'essentiel et surtout de souligner combien cette « incomplétude du scientifique » devant le réel est un magnifique signe de liberté qui conduit à ne pas s'approprier le réel mais à « le recevoir et l'écouter » en quelque sorte, pour pouvoir continuer de le travailler. Le résumé que je vais donner ici se trouve détaillé dans mon dernier ouvrage sur l'expérience de l'incomplétude[1].

Sans entrer ici dans les détails de la mécanique quantique, on peut souligner que pour le physicien quantique, mesurer et connaître, c'est agir sur le réel. Le connu est inséparable du sujet connaissant non seulement parce que l'homme est obligé d'en construire une représentation avec des images, un langage et des concepts (ce qu'on sait depuis longtemps), mais aussi parce que la connaissance qu'il prend de l'élémentaire modifie celui-ci. Il s'agit là d'un nouveau statut de

---

1. Thierry Magnin, *Le Scientifique et le théologien en quête d'Origine. L'expérience de l'incomplétude*, Desclée de Brouwer, 2015.

l'observateur dans lequel l'objet observé et le sujet observant sont intrinsèquement liés.

L'univers quantique, univers d'interconnexions, de non-séparabilité (là aussi tout est lié et on ne peut parler qu'en termes de « choses en relation » et non de « choses en soi »), implique donc une participation du sujet à tel point que le réel qu'étudie le physicien peut être qualifié de *réel d'interaction*. Le réel reste comme « voilé » aux scientifiques qui expérimentent alors une forme d'incomplétude devant celui-ci. Le réel en soi est inatteignable par le scientifique, voilà ce que la physique moderne, dans le prolongement de Kant, nous dit à sa façon.

Pascal disait déjà : « La dernière démarche de la raison est de reconnaître qu'il y a une infinité de choses qui la surpassent[1]. » Cette pensée de Pascal rejoint le scientifique d'aujourd'hui qui, pour rendre compte de la dynamique de la matière-énergie, est amené à « penser par relation, par interaction », y compris entre la matière et l'observateur, dans une nouvelle relation sujet-objet. Quelque chose résiste à ses représentations : le réel est bien là mais il reste « voilé ». Et bon nombre de physiciens ajoutent qu'ils ont besoin de ce réel inatteignable comme « fond des choses » pour « soutenir » la réalité empirique qui seule se donne à l'analyse scientifique. S'exprime ainsi une vision nouvelle de la quête de vérité scientifique. Elle s'est élaborée avec les physiciens quantiques travaillant sur l'infiniment petit. Elle touche aujourd'hui les nanosciences notamment et bien d'autres

1. Blaise Pascal, *Pensées*, 267 [éd. Brunschvicg].

domaines. Je souligne avec force que l'« incomplétude » du physicien qui s'en dégage n'est pas une défaite de la raison scientifique mais une condition d'exercice particulièrement ouverte, humble et audacieuse, devant le « fond des choses », l'Origine, qui toujours échappe ! Il y a un « mystère du connaître », comme disait le philosophe Gabriel Marcel. Loin de désigner une « lacune du connaître », ce mystère est un appel à explorer. Là aussi se dit l'humain dans sa grandeur et son humilité.

Reprenons l'idée de l'émergence des qualités et en particulier de l'esprit, à partir du développement du cerveau, problème qui est aussi abordable à l'échelle quantique, comme celui de l'émergence de la matière vivante à partir de la matière inerte. La physique quantique, avec les notions de réel empirique et de réel voilé, indique que l'émergence « cerveau (corps)-esprit » provient « du réel voilé, du fond des choses », dont la science ne peut nous parler car il lui échappe. Si vraiment notre esprit, du fait de sa structure propre, découpe les objets au sein du fond des choses, il devient impossible de se représenter l'esprit comme une simple production de tel ou tel de ces objets. Si l'on veut conserver cette production, on peut simplement dire que l'esprit émerge du fond des choses, comme on dira que la vie émerge du fond des choses. Reste naturellement que pensée et cerveau-corps sont intimement associés (comme deux événements d'une même structure émergente).

À l'heure où les ingénieurs en biotechnologies cherchent à fabriquer du vivant artificiel et à l'heure où certains espèrent être capables de recréer les conditions d'apparition du vivant dans l'histoire de l'évolution, les réflexions précédentes apparaissent pertinentes. Ainsi, même si l'homme arrive un jour à recréer les conditions d'émergence du vivant à partir de l'inerte (ce qui apparaît encore pour beaucoup comme un « fantasme »), il restera que « quelque chose échappe », ce fond des choses d'où émerge la vie du vivant restera inaccessible, même si les conditions d'émergence sont éventuellement maîtrisées. Il y aura donc toujours du « donné » et pas uniquement du « construit ». « Du donné et du construit » pourrait-on dire, tout à la fois. La vie contient et contiendra toujours quelque chose de « donné » selon l'épistémologie actuelle de la physique. Il est indispensable de s'en souvenir.

À ceux qui pensent qu'en introduisant de la mécanique quantique dans les nanomachines en cours de construction et en l'intégrant dans les nanotechnologies et aux circuits électroniques on arrivera à conférer auxdites machines une dynamique qui reproduise la dynamique de la vie, on peut répondre de la même manière. Ce résultat est d'importance au moment où l'on pourrait penser que l'homme va « mettre la main » sur la vie. En retour, on peut aussi se dire que pour comprendre la vie dans le vivant (car c'est là qu'elle se manifeste), il faut commencer par « accueillir un donné » en reconnaissant une incomplétude du chercheur. Pas uniquement au nom d'une philosophie ou d'une religion spécifique, mais déjà au nom de ce que la démarche scientifique montre par elle-même.

Nous sommes programmés… pour apprendre !

Ce « détour » par l'incomplétude, condition du chercheur scientifique aujourd'hui, nous permet de rebondir sur la « condition humaine » ! On pourrait avoir l'impression que les différences entre l'homme et l'animal s'estompent à tel point que certains pensent qu'il n'y a pas vraiment de propre de l'homme, simplement des différences de degré avec l'animal. Et encore, l'homme est beaucoup plus violent ! C'est ce qu'exprimait en 2007 le philosophe Jean-Marie Schaeffer dans un livre intitulé *La Fin de l'exception humaine*[1]. Pour lui la « seigneurie » de l'homme sur terre n'est plus de mise. Elle a justement entraîné une gestion catastrophique des ressources naturelles sans parler d'actions atroces de l'homme, notamment envers les animaux ! Ce livre a provoqué de nombreuses réactions, notamment celle du théologien et philosophe Paul Valadier[2], sur laquelle il est intéressant de s'arrêter ici.

Valadier réfute tout d'abord cette thèse en montrant les paradoxes de ces positions, notamment pour ceux qui se réclament de la science pour éliminer l'exception humaine alors que cette science est typique de l'homme. Au lieu de vouloir établir une supériorité de l'homme sur l'animal, on

---

1. Jean-Marie Schaeffer, *La Fin de l'exception humaine*, Gallimard, 2007.

2. Paul Valadier, « Exceptionnelle humanité », *Études*, juin 2010, p. 773-784.

peut avantageusement partir de ce qui lui manque à la naissance ! Paul Valadier insiste sur le fait que l'homme, contrairement aux animaux, n'est pas doté de capacités biologiques suffisantes lui permettant de s'adapter au milieu et que sa survie n'est pas assurée. Il doit cultiver et se cultiver pour advenir, travailler sur soi. Souvent insatisfait, voire déchiré, il cherche justement à dépasser son animalité, avec ces inventions que sont les cultures et « cet outil des outils qu'est le langage humain », lequel s'apprend parce que « construit, élaboré, savant, changeant et plastique ».

L'exceptionnalité de l'homme, ajoute Valadier, n'est pas celle d'un « être supérieur et parfait, clos sur lui-même, assuré de lui-même ; elle est plutôt celle d'un être qui connaît la division de soi avec soi, la peur de manquer, la culpabilité », capable de violence... Il doit exercer son inventivité, sa raison, à partir de ses faiblesses et de son désarroi, plus que par orgueil. Il se doit à la fois de s'arracher à l'immédiat mais aussi d'anticiper l'avenir. Oui, il y a une « exception humaine » pour Paul Valadier : pas en termes de supériorité mais à cause d'une fragilité qui « oblige à la raison et à la culture », à partir de son déchirement. « Obligé à la grandeur par cette même faiblesse », l'homme est désigné par Dieu dans la Bible, rappelle Valadier, comme créature qui fait exception, mais pas vraiment comme un dieu, ce qu'il peut être tenté de croire. Et il souligne que la tradition judéo-chrétienne, injustement critiquée, dit justement la grandeur de l'homme dans sa faiblesse même.

Une telle position paraît en phase avec ce que découvrent les neuroscientifiques et les éducateurs d'enfants et d'adolescents : l'homme est programmé, oui, mais pour apprendre ! Dans son invincible incomplétude, à la fois il « reçoit » l'héritage de ses ancêtres, pour le meilleur et le pire, et il a à « advenir à lui-même » grâce à ses capacités d'apprendre à apprendre et aux conditions pour les exercer bien entendu.

Cerveau et méditation

Un tel sujet était encore tabou il y a peu de temps dans le monde scientifique, en France en particulier, même si des chercheurs isolés s'y intéressent depuis longtemps. Pourtant, depuis une dizaine d'années, la pratique de la méditation fait l'objet d'analyses scientifiques de plus en plus poussées. Interrogé par le magazine *Le Point* (publié le 5 juillet 2014, Le Point.fr), le chercheur de l'Inserm Antoine Lutz (qui a notamment participé à des expériences d'analyse du cerveau de moines en méditation aux États-Unis) explique comment des scientifiques analysent aujourd'hui les effets de la méditation sur le cerveau et y voient un « modèle prometteur » pour explorer la neuroplasticité du cerveau.

Dans une étude conjointe avec des chercheurs de l'université du Wisconsin, Antoine Lutz montre que l'entraînement soutenu à la méditation dite « de pleine conscience » accroît les capacités à maintenir son attention sur un objet, et que la pratique de la compassion chez ceux qui méditent augmente la synchronisation des ondes cérébrales entre des parties très éloignées du cerveau (or la synchronisation est l'un des phénomènes essentiels de la conscience). Il souligne aussi des résultats qui montrent comment la méditation aide à réguler le stress via des processus moléculaires. Il cite en outre les études d'un groupe de l'université Davis en Californie qui ont montré que trois mois intensifs de méditation affectaient l'activité des télomérases, enzymes essentiels dans la protection contre le vieillissement cellulaire. Enfin, il affirme avoir montré avec le docteur Perla Kaliman de Barcelone qu'un jour de pleine conscience réduisait l'expression de gènes impliqués dans l'inflammation.

Selon l'étude de chercheurs américains et australiens publiée en janvier 2015 [1], la méditation réduirait les effets du vieillissement. Cent personnes de 24 à 77 ans ont participé à l'expérience ; 50 % pratiquaient la méditation depuis quatre à quarante-six ans. L'autre moitié constituait le groupe témoin. Tous ont passé une IRM qui a révélé l'anatomie de leur cerveau. Résultats : si, avec l'âge, la matière grise (corps cellulaires des neurones et connexions) se réduit d'une façon générale dans les deux groupes, la « pente de régression » n'est pas la même. Celle du groupe témoin est « considérablement plus raide » que celle du groupe de ceux qui méditaient. Avec, localement, un effet encore plus marqué dans certaines zones comme l'hippocampe impliqué dans la mémorisation. Autrement dit, la pratique de la

---

1. Eileen Luders, Nicolas Cherbuin et Florian Kurth, « Forever young(er) : potential age-defying effects of long-term meditation on gray matter atrophy », *Front. Psychol.*, 21 janvier 2015.

méditation amoindrirait la perte inéluctable du volume cérébral. La méditation stimulerait ainsi la genèse des branches des neurones (les dendrites, prolongements filamenteux des neurones servant à conduire l'influx nerveux) et des connexions (synapses), ce qui aboutirait à un gain global de matière grise qui compenserait la perte due à l'âge. La méditation agirait également en réduisant le niveau de stress, délétère pour les neurones. Elle provoquerait ainsi des changements épigénétiques et jouerait sur le système immunitaire, comme nous en indiquions la possibilité pour le psychisme, un peu plus haut.

De telles études doivent se poursuivre et s'affiner, et il nous faut rester prudents quant aux résultats et explications. Il n'en demeure pas moins qu'après les interactions biologie-psychisme, on peut analyser via des techniques des neurosciences les interactions biologie-psychisme-spiritualité, avec enchevêtrement de ces différentes dimensions. L'ampleur des éventuelles « améliorations de santé » que certains types de méditation peuvent apporter reste à préciser, même si les tendances ici présentées sont intéressantes. A minima on peut dire que ces interactions sont signes que pour être un bon biologiste ou un bon neuroscientifique de l'humain, on ne peut occulter les effets de « l'environnement biologique, psychique et spirituel » en termes de plasticité cérébrale et d'épigénétique. Le cerveau est un organe plastique qui peut être affecté par nos expériences, y compris psychiques et spirituelles.

L'exception humaine dans le vivant

Paul Valadier nous a invités à regarder l'humain à la fois bien enraciné dans le monde du vivant, moins bien loti que la plupart des animaux au niveau de ses capacités de survie à la naissance et marqué de manière unique par « une fragilité qui l'oblige à la raison et à la culture ». Programmé pour apprendre, l'homme n'est jamais satisfait, il est souvent déchiré même et aspire à « dépasser sa condition animale ». Ses états mentaux, y compris les plus complexes et les plus nobles, s'incarnent dans son cerveau-corps et obéissent en partie au déterminisme biologique et chimique. Mais dans l'exercice de ses fonctionnalités, y compris cérébrales, nous avons dit que d'autres réalités apparaissent dans son vécu, chacune faisant l'objet d'un discours spécifique, comme ceux des sciences humaines et sociales par exemple.

Paul Valadier nous rappelait ainsi que l'exception humaine n'est pas celle d'un être supérieur et parfait, clos sur lui-même, suffisant, satisfait et assuré de lui-même. Ce n'est pas l'orgueil et la présomption qui le guident, mais bien davantage l'insatisfaction, la division de soi, le déchirement intérieur, la culpabilité, en somme le sentiment de sa propre faiblesse, de sa propre finitude, de sa propre faillibilité. Ainsi l'être humain est exposé non seulement à la souffrance « animale » mais à une souffrance psychologique et spirituelle qui lui est spécifique, qui le renvoie à sa propre vie intérieure et à sa vulnérabilité. Il peut éprouver de la compassion devant la souffrance d'autrui, épreuve qui le transforme en retour. Enfin il fait de manière unique l'expérience du mal, dans le monde, dans les relations humaines et en lui, un mal qu'il peut « choisir de faire lui-même » mais aussi parfois qu'il fait sans le vouloir. Même si l'animal éprouve aussi une certaine forme de souffrance, l'homme n'est pas rivé à sa condition animale : son langage est sophistiqué et unique, il exprime un désir d'infini qui le traverse et en même temps lui échappe.

On pourrait dire que toutes les capacités de l'humain « émergent » de l'évolution du monde du vivant. A minima, on peut déjà dire qu'elles s'enracinent en effet dans le biologique, mais que l'exercice de ses capacités lui fait dépasser cette condition. Nous verrons plus loin que, dans l'exercice de la dimension spirituelle de l'homme, il y a des éléments qui vont bien au-delà de ce que le « *mind-body problem* » aborde avec le dialogue entre neuroscientifiques et philosophes. Pour cela nous préciserons ce que les différentes disciplines mettent sous le mot « esprit » dans une étape ultérieure de notre enquête.

Nous pouvons déjà revenir à la dimension de l'éthique qui apparaît comme spécifique à l'humain. Même si nos « fonctions morales » s'enracinent dans le biologique, le fait que l'homme ait ressenti le besoin de mettre en place des interdits fondamentaux pour vivre en société est signifiant d'une autre dimension que celle de la biologie dans l'homme bio-psychosocial. On voit bien, par exemple, comment la « culture de la paix » reste un vrai défi pour toute l'humanité dont les instincts de base sont souvent tournés du côté de la guerre et de la violence. La question de l'écologie intégrale précédemment traitée montre aussi les enjeux humains et environnementaux qui sont liés à la culture de la paix.

Nous retrouvons ici la question de l'éthique de la limite, déjà abordée au chapitre 2. On voudrait souvent nous faire croire qu'il n'est plus possible aujourd'hui de fixer des limites à la toute-puissance technologique et financière au nom même de l'émancipation de l'homme et de sa liberté. Mais les analyses de Paul Valadier et celle de Paul Ricœur (et de bien d'autres) citées plus haut nous appellent à plus de modestie : devant la question du mal qui traverse et dépasse l'homme, la mise en place d'interdits devient un gage de liberté et de lien social. S'il reste difficile de préciser ces limites dans une recherche de bien commun, si elles peuvent évoluer bien sûr, les grands principes de l'interdit du meurtre et de l'inceste restent des balises indispensables pour une « écologie intégrale ». Et c'est la grandeur de l'homme de poser ces limites collectivement, conscient de ses propres faiblesses et désireux de grandir en humanité.

En résumé

Alors qu'on avait l'habitude d'entendre dire que toutes les dimensions de l'humain pouvaient être réduites au biologique, on voit ici que la situation est beaucoup plus complexe. Le vivant est un système dynamique dans lequel les interactions biologique-psychique (et spirituel pour l'humain) sont enchevêtrées et interagissent avec les écosystèmes. L'habituel « réductionnisme fonctionnel » est à tout le moins insuffisant, en particulier parce que le vécu modifie les fonctions et que « tout est lié » avec l'environnement. L'incomplétude fait partie de la condition du chercheur. Le fait majeur mis en évidence dans ce chapitre est que le biologiste « voit », dans son propre champ de recherche, des traces de l'influence du psychisme sur des processus biologiques. Sans se transformer en philosophe, il sait que s'il veut comprendre le vivant comme un bon biologiste ou un bon neurobiologiste, il doit prendre en compte de plus en plus la complexité du vivant dans ses dimensions biologique, psychique voire spirituelle s'il s'agit d'un humain. Cette ouverture est signifiante au temps des technosciences qui, elles, cherchent à simplifier le vivant.

5

Prendre soin de l'humain « robuste et vulnérable »

Un paradoxe signifiant

Dans les deux premiers chapitres nous avons suivi l'ingénieur-chercheur en biologie de synthèse qui transforme le vivant en micro-usine, qui fabrique du vivant en cherchant à le simplifier pour mieux le « reconstruire, le contrôler, l'utiliser selon ses désirs de production », en modifiant ses fonctionnalités de base, en en ajoutant certaines. Cette simplification du vivant à des fonctionnalités choisies correspond bien au travail de l'ingénieur qui cherche à tirer le maximum de productivité de sa « machine vivante », ce qui se comprend bien. Outre les questions d'éthique que cela pose et que nous avons abordées, on peut se demander quelles sont les conséquences de cette « simplification du vivant » sur les mentalités. Nous avons ainsi mis en évidence que cet « état d'esprit de l'ingénieur-chercheur », tout à fait compréhensible lorsqu'il travaille sur une bactérie dont il modifie le génome, est passé dans la « tête du transhumaniste » et de ceux qui ne regardent le vivant, y compris humain, qu'à travers la performance de ses fonctionnalités biologiques à réparer et à augmenter.

Le discernement éthique qui s'appuie sur cette mentalité comporte bien des simplismes dangereux. Le philosophe Jean-Michel Besnier[1], en réaction à cette vision, parle davantage et sans ménagement de « l'homme simplifié » que nous consentons à devenir, au gré des conceptions scientifiques et des innovations techniques. Pour lui cette servitude volontaire est étonnante et appelle une révolte : celle de l'homme revendiquant sa complexité et son intériorité comme le signe de sa liberté. Il cite Einstein disant qu'il faut rendre les choses simples autant que possible, mais pas « plus simples ». Ces simplismes d'un vivant dont on ne se préoccupe que des performances fonctionnelles biologiques consacrent une forme de déshumanisation selon Besnier. Il exprime ici la volonté de ne pas céder au dogme de l'efficacité robotisante et à la « maximisation » de l'homme dans des tâches très instrumentales, conceptions héritières d'une humanité conçue sous le seul angle de l'« agent rationnel ».

Paradoxalement, dans le même temps, le biologiste découvre de plus en plus la complexité du vivant. Il montre combien l'environnement influence l'évolution du vivant, « touché jusque dans l'expression de ses gènes », combien le vivant appartient à des « écosystèmes » qui le modifient, combien ce vivant est « plastique » et peut, grâce à cette plasticité, s'adapter, évoluer, bref « être vivant » ! Ainsi,

1. Jean-Michel Besnier, *L'Homme simplifié. Le syndrome de la touche étoile*, Fayard, 2012.

comme nous l'avons vu au chapitre précédent, les récentes découvertes scientifiques dans le domaine de l'épigénétique montrent que certains gènes sont inhibés et que d'autres au contraire s'expriment fortement, en fonction de l'environnement biologique (répartition des gènes notamment) et du comportement des êtres vivants eux-mêmes. Pour les humains, on souligne ainsi que la nutrition, l'exercice, la gestion du stress, le plaisir et le réseau social peuvent intervenir sur les mécanismes de l'épigenèse. Les deux domaines du biologique et du psychique sont en relation réciproque. C'est ce qui fait dire au scientifique Joël de Rosnay : « Qui aurait pu penser, il y a à peine une dizaine d'années, que le fonctionnement du corps ne dépendait pas seulement du "programme ADN", mais de la manière dont nous conduisons quotidiennement notre vie[1] ? » L'épigénétique ouvre de nouveaux horizons : ce que l'humain transmettra à sa descendance est le fruit, en partie, de son comportement !

Les études actuelles sur la plasticité du cerveau vont également dans le sens d'un lien étroit entre les fonctionnalités du vivant et le vécu. L'organisation des réseaux neuronaux joue sur le vécu mais, en retour, elle se modifie en fonction des expériences vécues par l'individu. Se manifeste une capacité du cerveau à remodeler les branchements entre les neurones par formation ou disparition de synapses. Ainsi, exercer ou rééduquer ses capacités cérébrales (entraînement-apprentissage, donc psychisme) joue sur la biologie du cerveau lui-même. Bel

1. Joël de Rosnay et Fabrice Papillon, *Et l'Homme créa la vie*, Les liens qui libèrent, 2010, p. 117.

exemple de lien entre le vivant et le vécu ! Là aussi le vivant se laisse atteindre par son vécu (psychique et spirituel), et se laisse modifier par celui-ci tout en jouant sur lui ! Non seulement le biologique influence le vécu, comme on le dit depuis très longtemps, mais le vécu en retour influence le biologique, comme le biologiste le montre depuis peu.

Voilà deux attitudes de l'ingénieur-chercheur en biologie de synthèse et du chercheur en biologie (la première simplifie le vivant, la seconde le regarde dans sa complexité) qui semblent s'opposer. Cette tension me semble très signifiante pour rappeler à l'ingénieur-chercheur des biotechnologies que le vivant est toujours beaucoup plus complexe que ce qu'il en dit et qu'il est nécessaire de garder en vue, notamment devant les réponses aux questions d'éthique, le fait que le vivant ne se réduit pas à ses fonctions. Au moment où la biologie sort du fonctionnalisme, les biotechnologies pourraient s'y enfermer : voilà une belle invitation à élargir le regard pour répondre avec objectivité et pertinence aux défis techniques et éthiques de l'utilisation des NBIC au vivant végétal, animal et humain. « Prendre soin du vivant » ne peut se limiter à augmenter ses fonctionnalités. Respecter le vivant, y compris en tentant d'en augmenter les capacités, ne peut vraiment se travailler qu'au regard de la complexité du vivant dans ses interpénétrations biologique-psychique (et spirituel pour l'humain).

Un point essentiel est souvent oublié : la vision simplificatrice de l'ingénieur du vivant, certes compréhensible dans son cadre, favorise une vision utilitariste du vivant, voire dominatrice, plus ou moins consciemment. Et quand le questionnement éthique arrive à ce niveau, ce sont ces visées utilitaristes, souvent masquées par de nobles visées thérapeutiques possibles, qui occupent le terrain, relayées par l'aspect économique.

La plasticité du vivant comme « signe »

Nous avons parlé d'épigénétique et de plasticité cérébrale. Plus généralement on parle de la « plasticité du vivant » comme d'une caractéristique essentielle. La plasticité du vivant caractérise une tension dynamique entre « robustesse et vulnérabilité », entre rigidité et malléabilité, entre invariance et transformation, et, plus largement encore, entre invariance et historicité[1]. Elle est une condition nécessaire et cruciale pour que le vivant évolue, avec ses caractéristiques métaboliques, reproductives, organisationnelles et informationnelles. Chaque être vivant possède une structure qui lui assure sa cohérence et une sorte d'unité fonctionnelle, gages d'une « robustesse » qui permet de conserver une certaine invariance dans le temps. La robustesse d'un vivant définit ainsi son aptitude à se maintenir devant les perturbations liées à son environnement[2]. Mais en même temps, chaque

1. Dominique Lambert et René Rezsohazy, *Comment les pattes viennent au serpent. Essai sur l'étonnante plasticité du vivant*, Flammarion, 2004.

2. La robustesse est parfois considérée comme la résultante du couple invariance-transformation. Sans se confondre avec la rigidité, elle se situe davantage du côté de l'invariance. Voilà pourquoi on préférera ici parler d'une dynamique « robustesse-vulnérabilité ».

être vivant se laisse influencer par des effets d'environnement externe, grâce à des « structures d'accueil » de ces influences externes. Cette capacité lui donne plasticité et adaptabilité, deux caractéristiques essentielles du vivant. En ce sens, on peut appliquer l'adjectif « vulnérable » au vivant malléable, indépendamment de toute fragilité liée à une maladie. Cependant, le prix de cette tension robustesse-vulnérabilité peut être une certaine « fragilité » du vivant.

Dans cette tension dynamique, la robustesse ne doit pas être oubliée, mais une trop grande robustesse peut nuire aux capacités d'évolution et d'adaptation du vivant. C'est ainsi que des ingénieurs du vivant pensent agir contre des problèmes éventuels de dissémination, en rendant très robustes les micro-organismes artificiels qu'ils fabriquent en laboratoire afin que, s'ils s'en échappent, leur forte robustesse les conduise à mourir par inadaptabilité ! Symétriquement, une trop grande vulnérabilité peut avoir des dangers pour la survie de l'organisme.

Il y a bien dans le vivant une « structure générale » qui est fixée par les régularités physico-chimiques (invariance), mais, par les effets d'environnement et de plasticité, l'histoire contingente du vivant imprime en lui sa trace et ses effets. La plasticité est ainsi comme au fondement de l'histoire d'un organisme dans son individualité et sa singularité, avec un lien direct entre plasticité et complexité, comme nous l'avons vu avec la plasticité cérébrale. Les spécialistes pensent qu'une complexité durable exige une plasticité de haut niveau, condition nécessaire pour enclencher les stratégies de défense appropriées, les initiatives adaptatives adéquates.

La plasticité du vivant est un beau sujet pour la philosophie de la biologie aujourd'hui [1]. Elle conduit le philosophe, armé de l'argument classique depuis Aristote du lien entre « matière et forme », à revisiter les grands modèles de la vie pour en proposer un nouveau.

Le premier type de modèle est celui qui situe la vie au simple niveau des propriétés de son support physico-chimique, comme c'est le cas dans ce que l'on appelle l'« émergentisme ».

Le deuxième type est celui du vitalisme pour lequel une « forme » organise, oriente et polarise la matière dont elle est indépendante. Au passage notons que le biotechnologiste d'aujourd'hui, qui pense artificialiser la vie – même à partir d'un substrat mais en le considérant comme un simple châssis –, se situe dans ce cadre. La forme est celle qu'il donne au vivant à partir de sa volonté.

Le troisième est celui d'Aristote (et de Hans Jonas au XXe siècle) qui pense à une forme jouant le rôle de principe d'animation et d'organisation de la matière, avec une relative liberté de la forme par rapport à la matière dont elle dépend néanmoins.

Le quatrième modèle est celui qui cherche à tenir compte de la plasticité du vivant. La forme qui anime la matière est elle-même évolutive : la plasticité et, en conséquence, la marque de la contingence du vivant en sont les traces. Le philosophe remarque l'étonnante capacité de la forme à se

1. *Ibid.*, p. 322 et suiv. ; thèse de David Doat, Université catholique de Louvain, 2016.

« vulnérabiliser » par rapport à l'environnement tout en maintenant une unité et une cohérence véritables, dans un processus jamais achevé. Dans la tension entre robustesse et vulnérabilité, cette nouvelle liberté de la forme (par rapport au troisième modèle) différencie l'évolution du vivant des effets d'auto-organisation de la matière inerte qui n'ont pas ce deuxième degré de liberté.

De la plasticité à l'éthique du vivant vulnérable

La mise en évidence de la plasticité du vivant comme caractéristique essentielle de celui-ci conduit à mettre en lumière la vulnérabilité du vivant au sens de sa capacité à se laisser transformer par les effets d'environnement, en équilibre dynamique avec sa robustesse. Ainsi, respecter le vivant reviendra notamment à prendre soin de cette vulnérabilité.

Comment qualifier davantage encore cette notion de vulnérabilité du vivant ? Un vivant capable de muter et de s'adapter à un changement d'environnement fait appel à un processus d'échange intérieur-extérieur, une « interaction avec son environnement » qui le modifie, tout en apportant sa contribution à l'environnement lui-même. Cette modification par l'environnement est profonde, elle participe à la mutation justement. Il ne s'agit pas d'un simple échange à l'interface interne-externe mais d'une véritable influence de l'externe sur l'interne, jusque dans l'expression des gènes comme le montre l'épigénétique en plein développement aujourd'hui. Se manifeste ainsi une forme de vulnérabilité intrinsèque.

Un organisme « invulnérable » ne saurait grandir, s'adapter, se laisser façonner par son environnement et le façonner en retour. Au contraire, le vivant vulnérable se laisse atteindre, se laisse comme pénétrer par quelque chose d'extérieur qui le modifie à l'intérieur, et pas seulement par un simple effet d'interface. Une cellule invulnérable serait une forteresse. Elle ne saurait se diviser pour donner lieu à un organisme complexe. On peut citer ainsi de multiples exemples en ce sens pour le vivant qui évolue, en interaction avec les autres vivants et tout son environnement. Le vivant se laisse atteindre, il possède « une plasticité d'adaptation ». On peut remarquer qu'on dira d'une pierre qu'elle est fragile mais pas qu'elle est vulnérable, alors que l'on parlera de la vulnérabilité de l'humain. Il y a donc une différence entre vulnérabilité et fragilité, même si ces deux mots sont souvent utilisés pour exprimer la même chose. Disons que la fragilité peut ici se comprendre comme une éventuelle conséquence de la vulnérabilité du vivant. Ce sera le cas de la maladie qui « fragilise » le vivant.

Nous postulons que la robustesse et la vulnérabilité, dont l'équilibre dynamique est à la base de la plasticité, sont des propriétés intrinsèques du vivant[1], même si leur degré peut être très différent d'un vivant à un autre. C'est cette hypothèse que nous retenons pour notre recherche en éthique, pour ce vivant singulier qu'est chaque humain. Cette

1. Sujet de thèse de philosophie de Béatrice de Montera (maître de conférences, biologiste, Université catholique de Lyon), en cours.

vulnérabilité sera alors liée aux interactions biologie-psychisme-esprit dans leurs écosystèmes.

Avec l'homme, la vulnérabilité commune à tout vivant prend en effet une dimension particulière. Là aussi, nous l'avons dit, la notion de vulnérabilité, telle qu'elle est comprise de façon ordinaire, renvoie le plus souvent à l'idée d'une fragilité qui serait le lot de quelques individus particuliers, les personnes en fin de vie par exemple. On pense aussi aux personnes handicapées physiques ou psychiques mais également à des figures de vulnérabilité d'origine sociale, liée à des précarités d'emploi ou de vie familiale par exemple. Ici pourtant nous distinguons fragilité et vulnérabilité. S'il est évident que certains êtres sont plus fragiles que d'autres, il ne va pas de soi que les plus forts soient moins vulnérables. Nous pensons que la vulnérabilité est une propriété ontologique de tout vivant et qu'à ce titre, elle assure en fait une profonde égalité. Nous pensons qu'il est particulièrement pertinent de partir de la plasticité et de la notion de vulnérabilité de tout vivant (avec ses spécificités lorsqu'on aborde le vivant humain) pour travailler sur les attitudes éthiques requises pour « prendre soin du vivant » au temps des nouvelles biotechnologies.

Apparaît cependant un problème éthique important : si l'homme contrôle cette plasticité par une maîtrise des conditions d'environnement notamment, il est en position de maîtriser l'évolution du vivant « de l'intérieur » et selon ses propres desseins, pour le meilleur (rendre muet un « mauvais gène ») ou pour le pire (activer des effets néfastes de destruction) ! Le philosophe François Dagognet soulignait déjà il y a une trentaine d'années que la nature « invite à l'artificialité » puisqu'elle est aisément malléable, manipulable et réglée à la fois [1]. Quelle responsabilité le pouvoir des technologies donne-t-il ainsi à l'homme d'aujourd'hui !

Respecter et prendre soin du vivant sera donc favoriser cette plasticité et l'équilibre dynamique robustesse-vulnérabilité. Il n'est pas sans intérêt de voir que cette notion de vulnérabilité, ici décrite dans le domaine de la biologie et couplée à celle de complexité, est une notion transverse qui apparaît aussi dans de nombreuses recherches en psychologie, en philosophie, en anthropologie, en droit ou encore en sociologie (avec des définitions différentes selon les disciplines). Une occasion de plus, selon la visée de l'écologie intégrale, de respecter la nature vulnérable et le vivant vulnérable, l'humain vulnérable en particulier, dans un même mouvement puisque « tout est lié ».

Respect du vivant vulnérable dans l'utilisation de CRISPR-Cas9

Nous avons déjà évoqué au chapitre 2 les questions d'éthique que soulève cette nouvelle technique appelée CRISPR-Cas9 (voir « L'homme peut-il devenir le "designer" de son évolution ? », p. 101). Pour illustrer les propos précédents, nous pouvons poursuivre la réflexion avec la

1. François Dagognet, *La Maîtrise du vivant*, Hachette, 1988, p. 49.

question : comment prendre soin du vivant vulnérable en utilisant CRISPR-Cas9 ?

Je rappelle ici les quatre niveaux d'un questionnement éthique classique en biotechnologie :

1. *Rapport bénéfices/risques* : « biosécurité » et « biosûreté » par exemple.

2. *Éthique des risques* : utilisation des principes de responsabilité et de précaution. Ainsi, pour Hans Jonas, le principe de responsabilité s'exprime par : « Agis de façon que les effets de ton action soient compatibles avec la permanence d'une vie authentiquement humaine sur Terre[1]. »

3. *Les buts poursuivis* : exemple de « l'homme réparé à l'homme augmenté », avec toutes les questions sur le sens de l'homme que cela pose. Se retrouve ici l'habituelle et redoutable question de la limite, abordée au chapitre 2. Le but avoué des NBIC est de repousser les limites de l'humain, ce qui n'est pas nouveau en soi dans l'histoire. Mais jusqu'où « surpasser les limites humaines » et à quel prix ? Est-ce pour une humanisation ou est-ce une fuite devant la finitude humaine, un déni de la mort et de la contingence de l'homme ? C'est justement sur le « pouvoir d'être soi-même » que le philosophe Jürgen Habermas discute, comme on l'a vu précédemment.

4. *Le rapport au vivant et à la vie.* Les nouvelles biotechnologies remettent en question nos repères entre le naturel et l'artificiel, entre le vivant et l'inanimé et interrogent nos

1. Hans Jonas, *Le Principe responsabilité, une éthique pour la civilisation technologique*, *op. cit.*, p. 13.

responsabilités dans la génération de nouveaux êtres biologiques. Le vivant sera-t-il fonctionnalisé, « chosifié » dans une vision « utilitariste » ? Une certaine vision de la performance est ici soumise à la critique. La vie vaut-elle le coup d'être vécue selon les fonctionnalités/performances du vivant ? « Qu'est-ce que la vie » et comment la respecter si elle apparaît comme un artefact, surgissant d'une construction de l'homme ?

Dans l'exercice que nous faisons ici sur CRISPR-Cas9, nous évoquons le premier niveau de questionnement, mais nous prenons essentiellement parti aux deuxième, troisième et quatrième niveaux. Nous testons l'hypothèse d'un vivant plastique et vulnérable, d'une vie qui comporte toujours quelque chose de reçu avant d'être travaillé et dont la performance ne se limite pas aux fonctionnalités du vivant mais prend en compte les interactions biologie-psychisme-esprit.

Le premier niveau de questionnement éthique concerne donc le rapport bénéfices/risques. Nous avons déjà indiqué que CRISPR apparaît comme une méthode particulièrement intéressante *pour insérer, retirer et corriger l'ADN de façon simple et efficace.* Pour beaucoup de scientifiques, cette méthode puissante va révolutionner le traitement des maladies génétiques chez l'homme en apportant les corrections nécessaires aux « gènes mutés » chez les malades. Son utilisation sur des cellules somatiques est prometteuse dans la mesure où les risques (d'erreurs collatérales par exemple, d'effets secondaires « hors cible » comme dit Jean-Claude Ameisen) seront maîtrisés, ce qui ne semble pas si facile. Aucune technique n'est jamais sécurisée à 100 %. L'analyse des risques est ainsi en cours, notamment pour l'innocuité de la technologie CRISPR. Dans le cas de l'utilisation sur des cellules somatiques, on peut dire que le deuxième niveau du questionnement éthique, à savoir le domaine de l'éthique des risques (avec possibilité de faire machine arrière à court et moyen terme selon l'évolution des recherches), est pris en compte en termes de principe de précaution et de responsabilité. Enfin le troisième niveau de questionnement suppose que l'application de CRISPR-Cas9 se situe sur le terrain du soin de l'humain et non pas de son augmentation, qui pose d'autres problèmes en termes de buts poursuivis, déjà évoqués.

Ainsi, dans les *ASH Clinical News* du 18 juillet 2016, nous apprenons que trois universités américaines ont obtenu l'autorisation des comités de biosécurité et d'éthique américains pour lancer des essais cliniques sur quinze patients, volontaires et bien informés, atteints de cancers très graves, en vue d'une thérapie somatique dont l'objectif est de créer des cellules immunitaires génétiquement modifiées par CRISPR pour « attaquer » ces cancers. Il s'agira notamment d'évaluer la sécurité du traitement expérimental. On peut dire que dans ce cas, la visée est d'abord thérapeutique, qu'elle permet d'envisager une guérison de cancers jusqu'ici non atteinte par d'autres voies, et que le processus expérimental est validé par des experts (cela reste un point clé à vérifier, notamment en termes d'innocuité sur des périodes longues). On serait bien alors dans le sens de « prendre soin de l'humain vulnérable et fragilisé par une grave maladie », avec des patients conscients des risques et volontaires pour tenter l'expérience. Rappelons aussi que les modifications de cellules somatiques ne concernent que les personnes en question, contrairement aux cellules germinales (voir chapitre 2). Là aussi le principe responsabilité formulé par Hans Jonas est pris en compte. On peut donc dire qu'en supposant que les effets d'innocuité aient été vérifiés et dans l'attente des résultats de ces premiers essais cliniques, notre « posture anthropologique » d'un humain vulnérable nous conduit à valider la tentative américaine au niveau éthique, surtout si les patients sont bien « accompagnés », psychologiquement notamment, ce qui semble le cas.

On se doute que si des expériences étaient effectuées, non plus sur des cellules somatiques mais sur des cellules germinales humaines, le problème serait totalement différent. Il s'agit alors d'éradiquer les « anomalies génétiques » des lignées germinales par modification des embryons humains ou des gamètes. Les modifications visées, à caractère thérapeutique, se transmettraient à la personne et à sa descendance, ce qui pourrait sembler bénéfique pour tous. Mais au niveau de l'éthique des risques, l'expression des gènes étant liée à des facteurs épigénétiques, on ne peut prévoir l'influence qu'aura, à terme, la modification sur ladite descendance, notamment pour la transmission des inévitables erreurs et leurs interactions avec les composantes génomiques. De plus, il y a irréversibilité de modification, donc aucune possibilité de « faire machine arrière ». Comme on l'a indiqué, le principe de précaution et celui de responsabilité énoncé par Hans Jonas s'imposent au nom même de « prendre soin de l'humain vulnérable ». Souvenons-nous que le comité d'éthique de l'UNESCO a demandé en 2015 un moratoire « sur les techniques d'édition de l'ADN des cellules reproductrices humaines afin d'éviter une modification contraire à l'éthique des caractères héréditaires des individus, qui pourrait faire resurgir l'eugénisme ». Enfin des questions se posent aussi quant aux buts poursuivis (troisième niveau de questionnement) : par exemple la possibilité d'utiliser CRISPR pour modifier l'ADN humain afin de « déterminer la couleur des yeux du bébé » n'a rien à voir avec une visée thérapeutique. Ainsi, la question de la propriété du patrimoine génétique, déjà abordée précédemment, ajoute un élément défavorable si l'on croit, comme moi, au bien-fondé de la Convention d'Oviedo. Avec tous ces éléments, l'utilisation de CRISPR-Cas9 sur les cellules germinales ne correspond pas à notre posture sur l'humain. A minima, nous demandons aussi un « moratoire » !

Enfin, il est intéressant de noter que le comité d'éthique de l'Inserm, dans un récent texte de recommandation sur les technologies d'édition du génome (13 juin 2016, site web de l'Inserm), attire l'attention, comme dernière recommandation, « sur la question plus philosophique qui met en tension la plasticité du vivant avec l'idée d'une nature humaine fondée sur le seul invariant biologique. Il convient de susciter une conscience qui fasse la part de l'utopie et des dystopies que peuvent engendrer certaines promesses thérapeutiques ». Cet avis n'est pas sans lien avec la posture sur l'humain vulnérable ici testée.

« Augmenter l'humain » en se focalisant sur l'amélioration des performances biologiques par les technologies convergentes, comme le prônent notamment les tenants du transhumanisme, est notablement insuffisant pour « prendre soin de l'humain vulnérable». Si ces améliorations technologiques ne sont pas situées dans une visée plus large d'un humain en dynamique « corps-psychisme-esprit » à favoriser, elles ont toutes chances d'être terriblement limitées pour le bien-être global des personnes tout en étant parfois dangereuses quant à leurs conséquences. En revanche, je pense que tout un travail de discernement est possible en éthique des technologies convergentes appliquées à l'humain en regardant comment ces améliorations peuvent réellement favoriser la croissance de l'humain dans son équilibre dynamique robustesse-vulnérabilité tel qu'on l'a défini ici. Pas seulement pour « réparer » des fonctions défectueuses mais aussi pour les améliorer, sans chercher pour autant à sortir de notre condition humaine comme certains courants transhumanistes le souhaitent. Je pense ici à l'augmentation des résistances immunitaires de nos organismes, dont nous avons vu qu'elles se situaient au cœur d'une dynamique biologie-psychisme. Toutes ces applications à l'humain devront enfin être « accompagnées » au niveau médical bien sûr, mais aussi psychologique, pour que chacun garde « le pouvoir d'être soi », comme le dit le philosophe Habermas.

L'humain vulnérable, pierre d'angle de l'éthique des technosciences ?

Telle que nous l'avons présentée ici, la notion d'humain vulnérable peut servir de base à une réflexion éthique sur l'utilisation des technosciences sur l'homme. Certains seront peut-être surpris qu'un chrétien engagé comme je le suis parte d'une base expérimentale que beaucoup, quelles que soient leurs croyances, pourront faire leur. Cette base est en effet tirée de l'analyse de plus en plus fine de la complexité et de la plasticité du vivant. Elle constitue un point de départ indépendant des croyances religieuses et permet une base commune dans la recherche du bien commun à partir de laquelle prend forme le travail sur l'éthique. Chacun peut reconnaître l'humain comme un ensemble complexe corps-psyché-esprit en interaction interne et avec l'environnement (ses environnements pourrait-on dire en fait, biologiques, psychosociaux et spirituels, en interaction). Cela peut-être expérimentalement vérifié depuis que nous sortons du dualisme corps-esprit qui nous a tant handicapés en Occident. Et je voudrais montrer ici que ce point de départ qui vient d'une recherche récente en biologie rejoint des éléments d'anthropologie que le christianisme et d'autres traditions religieuses et philosophiques ont établis dans un tout autre contexte. L'humain vulnérable, pierre d'angle de l'éthique, est un thème majeur dans la réflexion chrétienne en bioéthique.

Dans la suite de cette enquête, je voudrais proposer deux étapes. La première consistera à restituer une aventure qui m'a profondément marqué en cheminant pendant une douzaine d'années avec des personnels des soins palliatifs qui me demandaient de les aider dans leur formation sur l'humain, en particulier sa dimension spirituelle. Ces personnels m'ont fait découvrir un monde totalement nouveau pour moi, auprès de personnes en fin de vie « accompagnées » avec une infinie délicatesse par lesdits personnels. J'ai « expérimentalement vu » combien l'approche corps-psychisme-esprit en dynamique était pertinente pour le « prendre soin ». Et je voudrais ici en rendre compte, tout en saluant ces personnels des soins palliatifs qui m'ont, avec les personnes en fin de vie, tant apporté et tant appris sur l'homme !

La seconde étape consistera à montrer combien cette approche de l'homme vulnérable corps-psychisme-esprit rejoint une tradition anthropologique chrétienne qui passe par saint Paul, saint Irénée de Lyon et tant d'autres « chercheurs de Dieu » dont le regard sur l'homme peut nous rejoindre tous. Il n'est pas sans intérêt de faire des liens entre ce que la démarche scientifique et philosophique conduit à percevoir de l'humain aujourd'hui et ce que les grandes traditions religieuses peuvent en dire depuis longtemps. Il ne s'agit ici aucunement de mélanger les domaines, encore moins de récupérer dans les sciences d'aujourd'hui une quelconque preuve de la véracité de traditions religieuses. Il s'agit plutôt de souligner des convergences qui peuvent nous être fort utiles pour « prendre soin du vivant vulnérable, de l'humain vulnérable au sein du monde vivant et du cosmos tout entier », pour contribuer modestement mais réellement au « service de l'homme » dans le cadre d'une écologie intégrale !

Une expérience de cheminement avec le personnel des soins palliatifs

Lorsqu'on entre dans le domaine des soins palliatifs, le « prendre soin » est une expression clé qui devient réalité de manière très tangible. La personne en fin de vie est dans un état de grande vulnérabilité, conjuguant celle de tout vivant comme nous l'avons vu à la fragilité de l'âge, du vieillissement, de l'usure et de la faiblesse du corps du fait ou non de la maladie grave. Elle est accompagnée sur le plan médical, psychologique et spirituel, comme je vais l'expliciter. Ici on ne cherche pas pour les patients « la performance biologique à tout prix », on s'en doute, mais les techniques de traitement de la douleur sont très importantes et, Dieu merci, de plus en plus performantes. Elles devront continuer de faire l'objet de recherches approfondies pour vraiment soulager le patient en fin de vie sans qu'il perde sa lucidité, afin là aussi de garder jusqu'au bout « le pouvoir d'être soi ».

L'accompagnement médical intégrant le traitement de la douleur se vit en interaction avec un accompagnement psychologique essentiel, car la personne en fin de vie « reprend toute son existence » à l'approche de la mort, et cela influence son moral et sa résistance physique. Le travail des psychologues est plein de finesse et relève d'une attention de tous les instants. C'est dans ce cadre aussi que se situe l'accompagnement spirituel sur lequel je vais davantage m'arrêter ici, comme cela m'était demandé par les personnels des soins palliatifs eux-mêmes. Je le situerai en lien direct avec l'accompagnement psychologique, et en interaction respectueuse avec le travail médical qui reste premier. L'aspect technologique est donc situé dans un ensemble de soins qui cherchent bien la « performance », mais pas celle du surhomme des transhumanistes, plutôt celle de l'homme libre jusqu'au bout, au cœur d'une condition très difficile et nouvelle qui se vit à l'approche de la mort. Sans la nier justement, sous couvert de fantasmes d'immortalité !

Dès les années 1970, une infirmière, Virginia Henderson, parlait déjà de quatorze besoins de la personne en fin de vie dans un texte qui deviendra fondateur pour les soins palliatifs[1]. Parmi ces besoins, on note ceux qui touchent soit à la dimension psychologique, soit à la dimension spirituelle, soit aux deux dimensions en interaction : le besoin d'être reconnu comme une personne à part entière, le besoin de relire sa vie, la quête de sens, le besoin de se libérer de la culpabilité, le désir de réconciliation, le besoin de placer sa vie dans un au-delà de soi-même, le besoin d'une continuité, d'un au-delà, les besoins religieux, le besoin d'harmoniser sa vie en fonction de l'Essentiel pour mieux lutter contre la maladie… et aussi pour guérir ! À l'issue d'un congrès international sur « les soins palliatifs et le traitement de la douleur cancéreuse » en 1990, des experts de l'Organisation mondiale de la santé publient un rapport dans lequel un chapitre est consacré aux aspects spirituels de l'accompagnement. L'aspect spirituel de la vie humaine y est envisagé comme un facteur d'intégration, maintenant ensemble les composantes physiques, psychologiques et sociales. En 1995, la psychiatre Elisabeth Kübler-Ross, pionnière des soins palliatifs, écrit[2] : « C'est vers le

1. Virginie Henderson, *Principes fondamentaux des soins infirmiers*, Conseil international des infirmières, Genève, 1969, p. 14-15.

2. Elisabeth Kübler-Ross, *L'Expression du religieux dans l'espace palliatif*, 6e congrès de la SFAP, Toulouse, 1995, p. 67.

spirituel que le malade cherche une réponse pour tenter sa dernière œuvre de structuration, comme si c'était dans ce domaine qu'il espérait trouver une permanence entre la vie et la mort et ainsi faciliter le passage. » En France, il faudra attendre 2006 pour que le congrès de la Société française de psycho-oncologie traite du sujet « cancer et spiritualité » et 2007 pour que la Société française d'accompagnement et de soins palliatifs organise son congrès annuel sur le thème « compétences cliniques et dimension spirituelle ».

On se doute que la maladie, comme certains cancers, peut conduire la personne qui en est atteinte à une « crise d'identité » et qu'il peut s'agir pour elle de « refonder le sens de sa vie ». Le corps se vit parfois en ennemi et cela provoque une forme de conflit intérieur chez la personne malade ou vieillissante qui engendre des angoisses, de la souffrance qui peut avoir sa composante physique (on dira plutôt douleur dans ce cas) mais aussi psychosociale voire spirituelle lorsque, par exemple, la maladie conduit à remettre en cause la croyance en Dieu et à éprouver une sensation d'abandon. La question de la mort pousse l'individu à relire son histoire, à reprendre ses mythes, ses croyances, sa vision du monde. On le sait bien, c'est en face de la mort que l'énigme de la condition humaine atteint son sommet. S'interroger sur le sens et le but de la vie est une démarche que l'on peut qualifier de spirituelle, en lien étroit avec la dimension psychosociale.

Il est important de ne pas confondre dimension spirituelle et dimension religieuse, même si les deux sont généralement liées chez les personnes croyantes. Toute personne, croyante, agnostique ou athée, possède une dimension spirituelle. André Comte-Sponville, dans son livre *L'Esprit de l'athéisme*, emploie les mots suivants : « Nous marchions [...]. Le ciel étoilé au-dessus de moi, immense, insondable, lumineux, et rien d'autre en moi que ce ciel, dont je faisais partie, rien d'autre en moi que ce silence, que cette lumière comme une vibration heureuse, comme une joie sans sujet, sans objet [...] rien d'autre en moi que la nuit noire, que la présence éblouissante de tout [...]. "Nous sentons et expérimentons que nous sommes éternels", écrit Spinoza dans l'*Éthique* [...]. Eh bien voilà : je l'avais senti et expérimenté, en effet, et cela fit en moi comme une révélation, mais sans Dieu. C'est le plus beau moment que j'ai vécu, le plus joyeux, le plus serein, et le plus évidemment spirituel. [...] Intellectuellement, je n'y vois aucune preuve de quoi que ce soit : mais je ne peux pas non plus faire comme si cela n'avait pas eu lieu[1]. » Et il ajoutera : « Le spirituel [...] est ce qui fait appel à l'intériorité de l'homme, lui fait refuser l'inhumain, l'invite à s'accomplir dans une recherche de transcendance et à donner du sens à son action, le met à l'écoute des autres et le porte à donner, échanger, recevoir. »

Souvent cette dimension spirituelle reste de l'ordre du privé dans notre société. Mais dans la démarche des soins palliatifs, le besoin d'accompagnement spirituel est pris en compte au même titre que les dimensions psychologique et psychosociale. C'est une dimension de l'humain à intégrer dans l'accompagnement de soin. Et cet accompagnement

1. André Comte-Sponville, *L'Esprit de l'athéisme, introduction à une spiritualité sans Dieu*, Albin Michel, 2008, p. 167 et p. 169.

spirituel nécessite des personnes formées pour cela, comme c'est le cas pour l'accompagnement psychologique. C'est justement sur ce terrain que nous avons travaillé pendant douze ans avec le personnel des soins palliatifs du CHU de Saint-Étienne d'une part, de celui de Toulouse d'autre part. Notons ici que la notion d'esprit abordée dans ce paragraphe est différente de celle du « *mind-body problem* » évoquée précédemment. Il s'agissait de la conscience dans le problème abordé en neurosciences avec ses différents niveaux. Nous verrons plus loin que le niveau de « conscience profonde » peut être mis en lien avec le niveau spirituel ici abordé.

On trouve ce besoin d'accompagnement spirituel exprimé par des professionnels de la santé qui en constatent l'intérêt à partir de leur pratique. Ainsi ce texte d'une gériatre, paru en 2002 dans la *Revue de gériatrie*[1] (donc une revue professionnelle, ce qui est particulièrement intéressant) : « Le mot spirituel est ici entendu comme un besoin humain de donner du sens à ce qui est vécu. La présente réflexion repose sur une observation clinique de terrain : la personne âgée passe par des moments de recherche de sens, plus ou moins intenses, vécus de manière paisible ou dans l'angoisse et cela en mobilisant parfois fortement son attention et son énergie physique et morale. Cette quête de sens apparaît comme d'autant plus forte que la vieillesse se manifeste, que la perte d'autonomie s'installe et que la mort se profile à l'horizon. Ce travail intérieur est important à consi-

1. Béatrix Paillot, « Le rôle du gériatre face au travail spirituel du sujet âgé », *Revue de gériatrie*, n° 27, 2002, p. 265-272.

dérer car il peut mettre la personne en situation de grande vulnérabilité. En effet, tandis que son esprit est focalisé sur la recherche du sens et du but de son existence, le vieillard ne lutte pas toujours de manière appropriée contre la maladie ou ne coopère pas au mieux de ses intérêts à une rééducation. » Et l'article insiste sur le fait que mieux comprendre ce qui se passe dans l'intériorité humaine peut aider le gériatre à une meilleure prise en charge globale de son patient.

L'un des aspects les plus passionnants et difficiles fut de travailler avec des psychologues les liens, les interactions et les distinctions entre le psychologique et le spirituel, souvent entremêlés. L'histoire suivante, vécue avec une patiente des soins palliatifs, illustrera l'intérêt de ces deux accompagnements, psychologique et spirituel, menés de concert. La psychologue avait effectué un long et beau travail avec cette patiente qui, comme c'est classique en fin de vie, retrouvait, à l'approche de la mort, des blessures accumulées tout au long de son existence, y compris celles de l'enfance. Et ces blessures la perturbaient fortement et avaient des répercussions sur son moral et son état physique. Un jour, la psychologue, avec laquelle j'avais déjà travaillé, vient me dire : « Le travail d'analyse des blessures a été bien fait, la patiente est lucide et a commencé à prendre un peu de recul, mais elle bute sur quelque chose que je n'arrive pas à cerner et j'ai l'impression que j'ai à vous passer la main comme accompagnateur spirituel ! » Me voilà en accompagnement spirituel, long et délicat, avec cette patiente qui va finir par arriver à passer de la lucidité vis-à-vis de ses blessures à la capacité de pardonner à sa mère, morte depuis longtemps, mais responsable à ses yeux des blessures en question.

Passer ainsi de l'analyse des blessures au pardon, accueillir un élan pour pardonner, voilà un exemple d'interaction et de distinction entre le psychologique et le spirituel, soulignant l'importance de les travailler de concert... D'interaction en effet car je ne pense pas que cette dame aurait pu aussi bien accueillir le souffle du pardon si elle n'avait pas auparavant « labouré sa terre intérieure » grâce à l'accompagnement psychologique. Belle illustration aussi de la plasticité de l'humain capable, par un travail d'accompagnement, de bouger, même à un âge avancé, avec suffisamment d'ouverture (de vulnérabilité) pour se laisser travailler et accueillir une force de pardon ! Et je peux dire que son état physique s'est nettement amélioré à l'issue de ce chemin, même si elle a fini par mourir bien sûr. Prendre soin globalement du corps, du psychisme et de l'esprit, par un travail d'équipe, permet souvent au patient de bien terminer son existence terrestre, même si c'est toujours un combat quotidien. Nous avons pu constater des « guérisons intérieures » qui « donnent vie » jusqu'au dernier souffle ! Là où la performance des fonctionnalités du vivant n'est plus première se dévoilent d'autres dimensions de l'humain qui participent pleinement à son accomplissement.

Un autre exemple me vient ici pour illustrer les interactions entre le physique, le psychologique et le spirituel dans l'accompagnement de fin de vie. Je suivais depuis de longues années un chef d'entreprise à la retraite, au caractère bien trempé, atteint par une maladie de Parkinson qui dégradait son état physique et son moral. Nous avions l'habitude de converser et il n'hésitait pas à m'interpeller vivement, par exemple pour me dire : « Où est-il votre Dieu qui m'a abandonné à ma maladie ? » Hospitalisé après une nouvelle et forte crise, voilà qu'il me fait demander. J'arrive dans la clinique et, avant que j'entre dans sa chambre, la famille me demande de me joindre à la discussion qu'elle avait dans le couloir avec le médecin. Celui-ci leur répétait : « Il n'arrive pas à mourir. » J'avais du mal à comprendre cette expression, comme la famille du reste.

Suite à cette conversation qui me laissait circonspect, nous entrons sans le médecin dans la chambre du malade, allongé sur son lit, incapable de bouger, dans un état de faiblesse accablant, très tendu. Il ne pouvait plus parler, juste prononcer quelques sons mais pas de mots compréhensibles, tout en étant très lucide sur sa situation et capable de prêter toute son attention. Je lui dis : « Cher monsieur, je ne pourrai pas comprendre les mots que vous prononcerez, mais vous pouvez me parler comme vous le faites habituellement, vous pouvez tout dire, à Dieu aussi. » Et le voilà qui essaie de me dire quelque chose, mais les mots ne sortent pas, seulement des sons qui se transforment progressivement en un râle de plus en plus profond. J'ai même cru qu'il allait s'étrangler car « quelque chose se coinçait dans sa gorge ». Pas très rassuré et prêt à appeler une infirmière, je lui dis cependant : « Il me semble que vous voulez me dire quelque chose de lourd et de difficile qui a du mal à sortir. Je vous assure que vous pouvez le dire, peu importe que je ne comprenne pas les mots. Vous êtes le bienvenu, vous avez le droit de parler, même sans mots audibles. » Et voilà le râle qui redouble, jusqu'à ce qu'il crache, y compris physiquement, ce « quelque chose de lourd » qui lui restait « en travers de la gorge ». Je ne sais pas ce dont il s'agit, je n'ai d'ailleurs pas à le savoir, mais je pense à une vieille histoire de son passé qui le taraudait. Il en avait mis partout sur son lit, mais il avait réussi à « cracher le morceau ». Je fais venir une infirmière qui nettoie le tout, puis la famille, qui le regarde ébahie. Son visage nettoyé est lumineux, paisible ; ses yeux me disaient comme un merci de l'avoir accompagné sur ce chemin de vérité. Deux heures après, j'apprends qu'il est mort. Comme s'il avait quelque chose qui le retenait en arrière, lui qui « n'arrivait pas à mourir ». Libéré de ce poids, il « passait » de l'autre côté ! Et le dernier visage que sa famille gardera de lui, c'est cette paix retrouvée, psychologique et spirituelle pourrait-on dire.

Lorsque nous avons préparé ses funérailles quelques jours après, avec la famille, nous avons retracé bien sûr les grands moments de sa vie, souligné sa force de caractère notamment. Nous nous sommes dit aussi que, avec les grandes réalisations qu'il avait accomplies dans son existence, sa famille et son entreprise notamment, le moment où il avait été le plus fort était peut-être bien celui de l'épisode ici raconté. Dans la faiblesse la plus extrême, il avait été capable de libérer son cœur et de « cracher » le poids qui le retenait en arrière, aidé et soutenu. Il a manifesté là une vraie force intérieure où le sens de la performance, qu'il connaissait bien comme entrepreneur, s'est transformé en sens de la vérité. Prendre soin de l'ensemble « corps-psychisme-esprit » en interaction entre eux et avec l'environnement passé et présent peut permettre à chacun d'aller bien loin dans le « pouvoir d'être soi » !

Lorsqu'on sort de l'obsession de la performance fonctionnelle, d'autres dimensions de l'humain (psychique et spirituelle) apparaissent dans toute leur force. Et les professionnels des soins palliatifs en voient tout l'intérêt pour exercer pleinement le « prendre soin ». Ils voient notamment combien travailler ces deux dimensions rejaillit sur la résistance physique d'un patient qui, en fin de vie, est particulièrement vulnérable. Ils voient même parfois que l'accompagnement spirituel peut « aider à mourir dans la dignité », sans avoir recours à l'euthanasie comme le souhaitent certains et sans oublier non plus de soulager les douleurs physiques et les souffrances psychologiques afin de permettre à la personne d'être elle-même jusqu'au bout.

Devant la « non-toute-puissance » de la médecine « biologique » (laquelle reste cependant très utile, notamment pour le traitement de la douleur) à l'approche de la mort, c'est un autre rapport à la vie et à la mort qui s'établit alors. La fragilité humaine et la vulnérabilité ne sont plus rejetées mais au contraire intégrées, permettant un véritable respect de la vie dans son ampleur et son mystère. Le développement de l'éthique du *care* et des différentes formes de l'éthique de la sollicitude au sein même du monde médical en est un beau signe.

On peut se demander bien sûr s'il faut attendre que la maladie nous fragilise et que la mort approche pour que le « prendre soin » intègre les trois dimensions en interaction. Un homme en pleine santé physique n'a-t-il pas lui aussi besoin de cette unité corps-psychisme-esprit pour tracer son chemin de vie dans l'environnement qui est le sien ? L'homme augmenté par les technosciences, par quelques puces électroniques qui stimulent son cerveau ou par des lunettes Google Glass qui lui donnent accès à de très nombreuses informations à chaque instant, n'a-t-il pas lui aussi besoin d'entrer dans cette unité pour avoir le pouvoir d'être soi et pas seulement d'être informé ? L'approche globale des patients en fin de vie, en lien avec la compétence et la finesse des personnels soignants, me semble être emblématique de ce que veut dire « être au service de la vie » pour soutenir un humain vulnérable toujours capable d'apprendre et de progresser, à tout instant et jusqu'au dernier souffle.

L'homme corps-psychisme-esprit de la tradition chrétienne

L'expérience des soins palliatifs nous a permis de voir concrètement que la trilogie corps-psychisme-esprit, déjà esquissée à partir des interactions psychisme-biologie au chapitre précédent, avait une pertinence opératoire manifeste, pour le service de l'humain. Notre manière d'aborder l'humain entre robustesse et vulnérabilité et de donner sa place à la vulnérabilité comme composante essentielle de tout vivant, humain en particulier, a des conséquences en éthique des sciences et technologies appliquées au vivant, comme nous l'avons illustré dans ce chapitre 5. Pour approfondir cette vision ternaire de l'humain dans ses environnements et affiner notre travail pour « penser l'humain au temps de l'homme augmenté », il est intéressant de voir comment cette manière ternaire de penser l'humain se trouve inscrite depuis des siècles dans des traditions religieuses.

S'appuyant sur une vision juive et chrétienne de l'homme, toute une tradition chrétienne depuis saint Paul, saint Irénée, saint Éphrem, saint Maxime le Confesseur, les mystiques rhénans et les mystiques orientaux, développe fortement l'homme « corps-âme-esprit ». Sans entrer dans une étude exhaustive qui à elle seule vaudrait un livre (voir par exemple les ouvrages de Michel Fromaget et de Philippe Dautais[1]), nous allons souligner quelques traits de cette tradition qui nous semblent pertinents pour la recherche présente, notamment en termes de vulnérabilité de l'humain. On comprendra mieux comment, dans la tradition chrétienne, la personne vulnérable est la pierre d'angle de l'éthique, dans la prise en compte non seulement de ses fragilités mais aussi de son intrinsèque vulnérabilité au sens précisé dans le présent paragraphe.

Il existe plusieurs anthropologies dans l'histoire de la tradition judéo-chrétienne marquée par l'héritage grec. Celle du dualisme corps-âme est sans doute la plus connue en Occident, notamment depuis la seconde partie du Moyen Âge. Je ne m'y arrêterai pas ici, tout en disant qu'elle ne

1. Michel Fromaget, *L'Homme tridimensionnel, « corps-âme-esprit »*, Albin Michel, 1996 ; Philippe Dautais, *Le Chemin de l'homme selon la Bible*, Desclée de Brouwer, 2009.

paraît plus adaptée à la complexité de l'humain que travaillent les anthropologues d'aujourd'hui, pour lesquels « corps et âme » ou « corps et esprit » sont enchevêtrés. Personnellement je me réjouis que le dualisme ne soit plus aussi prégnant aujourd'hui que durant ma jeunesse !

Dans la Bible, le corps est façonné par Dieu à partir de la terre. L'âme est insufflée par Lui comme une énergie de vie et d'unité. L'esprit est apte à écouter l'Esprit saint pour être saisi et guidé par la foi et l'amour. La Bible hébraïque utilise trois mots principaux pour dire l'humain : *basar*, *nefesh* et *ruah*. *Basar* est la chair, au sens pas seulement du corps mais de l'homme tout entier animé, vitalisé par la *nefesh* qui la met en mouvement. Ce qui donne consistance à ce couple *nefesh-basar*, c'est la *ruah*, l'haleine de vie donnée par Dieu comme cela est dit dans la Genèse (II, 7) : « Le Seigneur Dieu modela l'humain avec la poussière du sol. Il insuffla dans ses narines une haleine de vie, et l'humain devint un être vivant. » L'humain est créé à l'image de Dieu, homme et femme, comme à sa ressemblance (Gen. I, 26-27).

En grec, *ruah* se traduit par *pneuma*, l'Esprit qui donne vie à l'homme, qui parle à son esprit (*noûs* en grec). Le *noûs* est en quelque sorte la dimension intérieure de l'âme ; elle est nommée souvent comme « la fine pointe de l'âme », se distinguant de l'âme où se fait la prise de conscience de l'aspiration à la transcendance. On l'identifie dans certaines traditions au « cœur profond », là où Dieu (la transcendance) rejoint, rencontre l'homme dans le silence et la conscience profonde. Le *noûs* est appelé par l'apôtre Paul « l'Homme intérieur ».

La théologie dira que la grâce de Dieu ouvre l'intelligence et l'esprit de l'homme à la contemplation des mystères et à la vision de Dieu. L'homme devient pleinement humain, « parfait » selon l'expression de saint Irénée (ce qui ne veut pas dire qu'il n'ait pas de faiblesses mais qu'il participe à la vie divine), lorsqu'il est pénétré par la grâce de l'Esprit, par « pneumatisation » de son corps, de son âme et de son esprit (*noûs*). Dans cette tradition judéo-chrétienne, il faut considérer l'humanité tout entière et pas seulement l'individu. Adam représente toute l'humanité dans laquelle nous sommes tous liés et appelés à la solidarité-fraternité, comme cellules d'un grand corps qui forme une unité vivante et organique.

Comme l'explicite Philippe Dautais dans son livre cité plus haut, l'image de Dieu est la marque indélébile de l'être profond de l'homme. Mais si l'image de Dieu est actuelle, la ressemblance, quant à elle, est « en puissance » ; elle est à accomplir. Cet « accomplissement de la ressemblance » dépend de la liberté et de la volonté de chaque personne. La ressemblance lui donne une orientation, une perspective de croissance qui suppose une coopération, un accord de deux libertés, celle de l'homme « capable de Dieu » et celle de Dieu. C'est ce qui donne sens à l'existence et fait de chaque être humain un pèlerin vers lui-même, en chemin « de l'image vers la ressemblance ». Il n'y a pas de limite à ce voyage spirituel, seulement parfois quelques obstacles !

L'unité corps-âme-esprit est énoncée par saint Paul[1]:

1. Première épître de saint Paul aux Thessaloniciens, V, 23.

« Que le Dieu de la paix lui-même vous sanctifie tout entiers ; que votre esprit, votre âme et votre corps soient tout entiers gardés sans reproche pour la venue de Notre-Seigneur Jésus-Christ. » Il ne s'agit pas de trois réalités indépendantes mais en interaction, en interpénétration. C'est ce que dira admirablement bien saint Irénée au IIe siècle : « La chair modelée [modelée par Dieu, le Créateur] à elle seule n'est pas l'homme parfait, elle n'est que le corps de l'homme, donc une partie de l'homme. L'âme à elle seule n'est pas davantage l'homme, elle n'est que l'âme de l'homme, donc une partie de l'homme. L'esprit non plus n'est pas l'homme, on lui donne le nom d'esprit, pas celui d'homme. C'est le mélange et l'union de toutes ces choses qui constitue l'homme parfait[1]. » Le deuxième évêque de Lyon, originaire du Proche-Orient et devenu occidental, disait déjà cela au IIe siècle. Comment ne pas souligner cette vision de l'homme au moment où les relations biologie-psychisme-esprit sont analysées du point de vue du biologiste du XXIe siècle, même si le corps ne se réduit pas à la biologie et si le mot esprit peut avoir des sens divers !

Le texte latin de saint Irénée utilise le mot *commisceo* (*cum* + *misceo*), ce qui veut dire « mêler avec », le mélange et l'union. Ce terme est lié au champ sémantique grec *mixis* : mélange par compénétration qui préserve la distinction. Il s'agit bien de distinguer corps-âme-esprit mais dans une compénétration de ces trois dimensions. Ainsi on pourra dire que le corps ne se réduit pas au biologique, il pense et il

1. Saint Irénée de Lyon, *Adversus haereses*, V, VI, 1.

éprouve. Comme nous l'avons déjà souligné, il n'y a pas de cerveau sans corps ! De même, l'âme qui recouvre un principe d'organisation, d'animation et d'unité (Aristote parlait d'âme végétative, d'âme sensitive et d'âme rationnelle) unifie les métabolismes, les émotions et les pensées du corps. Et, comme nous le disions plus haut, l'esprit apparaît comme « la fine pointe de l'âme », là où l'Esprit de Dieu parle à l'homme. Dans le même passage que celui cité précédemment, saint Irénée ajoute : « Quand l'Esprit fait défaut à l'âme, un tel homme restant en toute vérité psychique et charnel sera imparfait, possédant bien l'image de Dieu dans l'ouvrage modelé, mais n'ayant pas reçu la ressemblance par le moyen de l'Esprit. » Il y a donc en l'homme un lieu d'ouverture à Dieu, certains diront à la transcendance, à l'infini, d'autres parleront de « voix intérieure ».

Au cours des siècles on parla beaucoup, dans le monde occidental, de l'« intellect » de l'homme pour dénommer le lieu où se noue le dialogue entre foi et raison. L'intellect de l'homme est à la recherche de Dieu, par exemple dans la grande tradition de la théologie dite « apophatique » qui veut que l'on commence par dire ce que Dieu n'est pas pour mieux approcher l'Indicible, Celui qui est toujours au-delà de nos représentations et de nos concepts. Dans cette tradition inaugurée par Denys l'Aréopagite puis Maxime le Confesseur, Nicolas de Cues[1] dira que le théologien confronté à l'Indicible doit reconnaître son

1. Voir mon livre *Le Scientifique et le théologien en quête d'Origine*, *op. cit.*

invincible ignorance. Celle-ci cependant peut devenir docte (c'est le titre d'un livre phare de Nicolas de Cues, *La Docte Ignorance*) si l'on se résoud à l'abandon, par la raison humaine, de la « possession de Dieu ». C'est dans la coïncidence des opposés que Dieu se laisse envisager (parce qu'il est à la fois maximum et minimum dira Nicolas de Cues) et il n'y a qu'à l'infini que les opposés coïncident, infini que la raison humaine ne peut atteindre par elle-même. Pourtant, reconnaissant cette ignorance, l'homme expérimente dans les « ténèbres de l'ignorance » que Dieu se donne à connaître. Il ne s'agit pas d'abandonner la raison, mais celle-ci ne peut pas accéder à l'infini. Il y a cependant dans l'intellect humain quelque chose qui ouvre l'homme à accueillir l'infini. L'intellect est « traversé » par quelque chose qui lui échappe et le constitue tout à la fois. Blaise Pascal dira, au XVIIe siècle, que l'homme est « traversé d'infinités dans sa finitude, et même fait pour l'infinité ».

La tradition catholique, reprise par le concile Vatican II[1], parlera de la conscience profonde de l'homme (la conscience morale) comme le centre le plus secret de l'homme, le sanctuaire où il est seul avec Dieu et où sa voix se fait entendre. Cette voix de la conscience, cette voix intérieure profonde qui est en l'homme, passe par lui et vient d'au-delà de lui ; elle est comme la voix du Dieu caché de la tradition biblique, avec Isaïe notamment, et reprise par Blaise Pascal en son temps. La voix du Dieu caché au cœur de l'homme corps-âme-esprit dans son environnement, là où les trois

1. Concile Vatican II, *Gaudium et Spes*, chap. XVI.

sont « union et *mixis* ». Jean-Paul II, commentant le passage de *Gaudium et Spes* cité plus haut, dira : « Aucune autorité humaine n'a le droit d'intervenir dans la conscience de quiconque. La conscience est le témoin de la transcendance de la personne, même en face de la société, et, comme telle, elle est inviolable. [...] Nier à une personne la pleine liberté de conscience, et notamment la liberté de chercher la vérité, ou tenter de lui imposer une façon particulière de comprendre la vérité, cela va contre son droit le plus intime[1]. »

Cette perspective catholique n'est pas sans lien avec l'expérience que croyants ou incroyants (en Dieu) peuvent faire, telle que l'exprime le psychanalyste Erich Fromm[2] : « Je voudrais mentionner qu'à l'opposé de la conscience autoritaire, il existe une conscience humaniste. Cette conscience a ses racines dans l'homme lui-même et lui communique ce qui est bon et profitable pour lui, pour son épanouissement, pour sa croissance. Cette voix est souvent très discrète ; il est très facile de ne pas l'entendre. Mais dans le domaine de la psychologie comme dans celui de la physiologie, de nombreux chercheurs ont constaté des indices attestant qu'il existe quelque chose comme une "conscience de santé", un flair pour ce qui est bon. Et quand l'homme écoute cette voix qui lui est propre, il n'obéit pas à la voix d'une autorité étrangère. Sa propre voix fait qu'il est orienté vers un but qui est présent en puissance corporellement et

1. Jean-Paul II, « Message pour la Journée de la paix », *La Documentation catholique*, n° 2020, 20 janvier 1991, p. 54.

2. Erich Fromm, *Aimer la vie*, Desclée de Brouwer, 1997, p. 72.

psychiquement dans son organisme et lui indique : ici tu es sur le bon chemin, là tu te trompes. » Comme l'expression « conscience de santé » résonne de manière fort pertinente dans le contexte de notre enquête et de notre recherche pour penser l'homme au temps des technosciences !

Travailler l'éthique de l'homme vulnérable

Cette unité corps-âme-esprit si chère à saint Irénée de Lyon dès le IIe siècle est en interaction constante avec l'environnement, les écosystèmes comme on dit aujourd'hui, que ceux-ci viennent de la nature, des relations sociales, de la culture ou de la spiritualité. Le respect profond de cette unité des trois dimensions en interaction entre elles et avec leurs écosystèmes me semble comme « signifié et appelé » par les liens que les chercheurs mettent aujourd'hui en évidence entre biologie et psychisme, avec l'épigénétique d'une part et les études de plasticité cérébrale d'autre part. Plus que jamais cette anthropologie ternaire semble pertinente comme « toile de fond » pour une utilisation équilibrée des technologies. Dans ce cadre, l'un des critères éthiques importants pour prendre en compte l'impact de l'utilisation des technologies du vivant sur l'humain sera celui du respect et de la promotion de l'unité du corporel, du psychique et du spirituel (dimensions que tout être humain possède) dans leurs écosystèmes. On pourra ainsi se poser la question de l'impact de telle ou telle intervention technologique sur l'humain en termes d'harmonie ou de dysharmonie entre ces trois dimensions, afin de favoriser (ou de défavoriser) le pouvoir d'être soi.

Les approches scientifiques soulignent elles-mêmes que si l'on veut honorer la complexité du vivant, il faut reconnaître une distinction entre les fonctionnalités et le vécu, entre le vivant et la vie : la vie comporte toujours quelque chose de reçu, quelque chose qui échappe, sinon ce n'est plus la vie ! La vie humaine au temps des nanobiotechnologies ne peut se réduire à un ensemble de modules reprogrammables en interaction, elle n'est pas une « matière à projets » au sens où la considèrent les transhumanistes qui veulent augmenter l'humain par les technosciences... si ce n'est le projet d'un accomplissement véritable de la personne humaine dans sa liberté et sa globalité « corps-psyché-esprit ».

Dans son célèbre livre sur le principe responsabilité[1], Hans Jonas travaille déjà le lien entre vulnérabilité et responsabilité dans le domaine de l'écologie notamment : « La responsabilité (devant la puissance technologique et son impact sur la nature) nous incombe en raison de la dimension de puissance que nous exerçons quotidiennement [...]. Ce dont je suis responsable, ce sont naturellement les conséquences de mon agir – dans la mesure où elles affectent un être [...]. C'est la vulnérabilité, la fragilité, la précarité de l'être sur lequel j'ai un pouvoir qui appelle ma responsabilité [...]. C'est avant tout l'accusation que comporte cet avertissement, montrant ces êtres du futur comme nos

1. Hans Jonas, *Le Principe responsabilité, une éthique pour la civilisation technologique, op. cit.*

victimes, qui nous interdit moralement la distanciation égoïste du sentiment, généralement justifié par l'éloignement de l'objet. »

Être respectueux et responsable du vivant aujourd'hui et demain consiste notamment à prendre soin de celui-ci dans sa complexité et sa vulnérabilité, devant les nouvelles possibilités offertes par la biologie de synthèse et autres technosciences, entre bénéfices et risques. La puissance technologique appelle plus que jamais notre responsabilité devant la vulnérabilité du vivant, humain en particulier (avec des différences entre une bactérie et un homme bien sûr !). C'est dans ce cadre que l'on peut envisager une « éthique de la limite de la toute-puissance technologique », notamment devant les dangers des courants transhumanistes porteurs d'un réductionnisme de l'humain particulièrement inquiétant lorsqu'ils nient justement la vulnérabilité de tout vivant. Il s'agit essentiellement de discerner ce qui va dans le sens de l'accomplissement de l'humain (accomplissement personnel et collectif) et de rendre ainsi plus performantes les technologies modernes.

Le professeur Xavier Le Pichon considère, dans son livre *Aux racines de l'homme*[1], le rôle de la petitesse et de la fragilité humaines dans le développement de l'humain. Il raconte comment le fait de prendre soin de ses petits a développé chez l'homme des capacités de vie sociale étonnantes par rapport à l'animal. Il cite l'exemple d'une tribu d'australopithèques qui comportait un nombre élevé d'indi-

1. Xavier Le Pichon, *Aux racines de l'homme, op. cit.*

vidus porteurs d'un handicap et qui avait su s'organiser pour permettre une vie sociale à tous ses membres. Et voilà que l'âge moyen de mortalité dans cette tribu fut particulièrement élevé pour l'époque, signe que « prendre soin du plus petit » rejaillit sur tous. Il n'est pas sûr que cette vision de la performance via la socialisation soit vraiment considérée aujourd'hui dans le monde des technosciences ou de l'économie !

Le travail de recherche en éthique des nouvelles biotechnologies reste à accomplir au pas à pas, dans un dialogue sociétal entre les philosophes et scientifiques qui travaillent directement dans le domaine. Cette responsabilité partagée peut permettre d'entrer dans un véritable sens de ce que le terme « performance » recouvre, en lien avec le concept de vivant vulnérable et celui d'« écologie intégrale » du pape François dans son encyclique *Laudato Si*, sur fond de paradigme techno-économique. La performance uniquement technique appliquée à la seule dimension biologique est trop simpliste aujourd'hui. On le voit déjà dans les questions de santé globale : l'interaction biologie-psychisme est beaucoup plus fine et complexe !

Le rôle des « philosophes embarqués » dans des équipes de chercheurs scientifiques et industriels au sein de consortiums de recherche est d'importance. Ils travaillent les questions éthiques en les ayant fait surgir des chercheurs et entrepreneurs eux-mêmes, individuellement mais aussi collectivement, et cela en concomitance avec le déroulement des recherches technologiques et non pas seulement après. Ils donnent aux ingénieurs et chercheurs les clés indispensables pour amorcer un dialogue éthique, une éthique en coconstruction. L'analyse éthique se fonde sur la dignité humaine à respecter mais aussi sur les principes de sécurité, durabilité, justice, responsabilité, précaution, liberté de la recherche et proportionnalité. Elle s'appuie sur les grandes théories du déontologisme, du conséquentialisme, de la justice, de l'éthique de la sollicitude et du *care*. Mais les grands points de ces théories ont besoin d'être passés au crible du vécu et des idées des acteurs en présence, afin que l'éthique soit intégrée au « progrès global » recherché.

Les « philosophes embarqués » accompagnent, en le structurant, le discernement éthique des chercheurs, ingénieurs et industriels, durant les recherches et la phase du démonstrateur, discernement éclairé notamment par un comité d'éthique constitué de personnalités extérieures au consortium. Ils font émerger une discussion collective et pas seulement réservée au privé, ils aident aux interactions d'opinions différentes au sein même de l'entreprise. Ils conseillent mais n'ont pas à décider eux-mêmes, gardant ainsi une forme de liberté indispensable. Ils interrogent et interagissent aussi avec la direction et l'équipe de gouvernance qui doit s'emparer de cette réflexion collective, afin que l'éthique de l'entreprise se fonde sur un « bien commun » cherché par elle et partie intégrante de sa stratégie. Ils peuvent aussi ouvrir le questionnement aux clients de l'entreprise et, plus largement, en accord avec l'équipe de gouvernance, susciter des débats citoyens dans un « tiers lieu » permettant recul et liberté d'expression, dans une ambiance constructive.

Ces liens entre philosophes embarqués et chercheurs-ingénieurs contribuent à la formation des scientifiques au questionnement éthique, en formation continue. Cette formation est essentielle aujourd'hui. Elle n'est pas un luxe, ni un simple à-côté, comme le montrent les deux expériences que nous vivons depuis plus de cinq ans maintenant dans deux consortiums pilotés par l'INRA, Toulouse White Biotechnology et Metagenopolis. Elle peut aussi se faire en « formation initiale », comme nous l'avons amorcé il y a trois ans à l'Université catholique de Lyon avec une licence « Sciences de la vie » croisant biologie et humanités. Durant ces trois années de formation pour l'obtention de la licence, les étudiants travaillent les questions éthiques de l'intérieur de leurs programmes de biologie, avec des philosophes eux-mêmes formés en biologie et en génétique. Ils deviennent ainsi familiers du questionnement éthique, apprennent les méthodologies nécessaires, les appliquent à des cas concrets y compris lors de leurs stages en entreprises ou en laboratoires. Sans devenir des philosophes eux-mêmes, ils sont suffisamment éveillés et formés pour intégrer le questionnement éthique à leur futur travail de cadres.

Nous pensons aussi que ces formations et réflexions en éthique doivent pouvoir rejoindre les citoyens désireux d'entrer, de manière approfondie, dans les débats de société pour lesquels les technosciences sont concernées. Organiser de tels débats publics est l'une des choses les plus délicates qui soient dans un pays comme la France. Autant les « états généraux de la bioéthique » en France en 2009 ont été un succès, autant les forums sur les nanotechnologies puis sur la biologie de synthèse se sont heurtés à de telles oppositions qu'ils ont dû être annulés. Certes des discussions approfondies ont lieu dans des comités d'éthique dont le nombre ne cesse de croître. Mais souvent ces discussions ne redescendent pas au niveau des scientifiques, ingénieurs, industriels et citoyens. Pour pallier ce manque et prendre en compte les difficultés rencontrées dans ces débats non aboutis, on peut imaginer une forme de « *crowd'ethics* » qui consisterait à faire dialoguer sur Internet des citoyens (ingénieurs, chercheurs, clients, entrepreneurs, membres d'associations, personnes intéressées) à qui l'on fournirait les avis de comités d'éthique sur un sujet venant des technosciences ; puis, après un temps de débats, on relancerait les mêmes comités d'éthique qui s'empareraient des réactions des citoyens, et ainsi de suite.

Enfin il ne faudrait pas oublier le monde politique qui, lui aussi, a besoin d'être informé le mieux possible sur ces questions de société avant d'avoir à légiférer. En France, l'Office parlementaire d'évaluation des choix scientifiques et technologiques (l'OPECST), créé en 1983, apporte de belles contributions en ce sens. On rencontre cependant localement de nombreux parlementaires désireux aussi de pouvoir discuter directement avec des philosophes et des technologues sur ces sujets. Des lieux de recul permettant ces discussions sont ainsi fortement souhaitables.

6

De l'homme augmenté à l'homme en chemin d'accomplissement

L'homme en apprentissage

« Programmés pour apprendre », voilà ce que des neuroscientifiques et psychanalystes travaillant ensemble sur la plasticité cérébrale disent des humains que nous sommes ! On savait que cela était vrai pour les enfants, on le précise de plus en plus pour les adolescents et on le constate à tout âge de la vie. Dans cet apprentissage dont on nous dit qu'il est, par son ampleur, un « propre de l'homme », c'est l'union et le mélange des dimensions biologiques, psychiques et spirituelles, en interaction avec l'environnement naturel, social et culturel, qui « façonnent » l'humain tout au long de son existence. Et l'humain peut ainsi « augmenter ses capacités » dans tous ces domaines. Grandir en humanité passe par cet apprentissage, qui appelle bien sûr un contenu et des conditions de qualité. L'histoire de l'humanité montre en effet que cet apprentissage peut conduire au meilleur et au pire, l'homme étant capable des plus belles réalisations humanistes et des pires atrocités. Ce que l'on appelle dans le langage commun un « lavage de cerveau » existe malheureusement encore, comme on le voit dans l'actualité terroriste du monde d'aujourd'hui où de jeunes Français de vingt ans sont rendus capables de tuer aveuglément et de se tuer eux-mêmes.

Les expériences que nous vivons tout au long de notre existence, positives et négatives, laissent des traces dans notre corps et dans notre cerveau en particulier, dès le fœtus dans le ventre de sa mère. Les acteurs de la « neuropsychanalyse[1] » montrent que, par la plasticité cérébrale, ces traces cérébrales sont « remodelables ». Ces approches disent quelque chose de l'identité de l'homme « en construction » et ouvrent de nouvelles perspectives pour « désengrammer » les traces que les éléments de l'existence, vécus comme difficiles et douloureux, ont pu laisser et qui se sont inscrites dans notre inconscient. Nous sommes ouverts au changement, entre robustesse et vulnérabilité, tout en étant marqués par la contingence. C'est dans ce contexte, plus complexe que ces quelques phrases pourraient le laisser croire, que l'homme en apprentissage exerce sa liberté pour « construire sa vie » avec d'autres, au cœur d'un quotidien et d'un environnement qu'il ne maîtrise généralement pas.

Cet apprentissage peut certainement bénéficier de l'apport des technosciences, en médecine personnalisée par exemple, dans la mesure où cet apport est « accompagné », en termes d'interactions entre les dimensions biologiques et

1. François Ansermet et Pierre Magistretti, *À chacun son cerveau. Plasticité neuronale et inconscient*, *op. cit.*

psychiques. Tout ce qui favorise la dynamique entre robustesse et vulnérabilité peut être bénéfique, pourvu que ces apports permettent de développer le « pouvoir d'être soi » comme le dit Habermas. Nous avons vu par exemple que des implants cérébraux et des puces électroniques pouvaient rendre de grands services dans certains cas (à toujours vérifier et contrôler), que la technologie pouvait améliorer la vue, l'ouïe et le sens de l'orientation, réduire la sensation de fatigue, que des cellules souches pluripotentes induites (*Induced Pluripotent Stems*, IPS) pouvaient améliorer certaines fonctionnalités, que l'on pouvait techniquement renforcer les défenses immunitaires, que l'homme pouvait disposer de plus de mémoire et de capacités cognitives pour accueillir et traiter des données... Autant d'améliorations que l'on ne peut que saluer et qui devront toujours être « accompagnées » dans leur mise en œuvre en termes d'éthique des risques et sur le plan psychique, afin qu'elles soient intégrées « pour le meilleur » et que leurs éventuels effets secondaires soient eux aussi travaillés en ce sens.

Certains estiment que stimuler par la technique le cerveau et la mémoire d'un jeune qui va passer ses examens peut être bénéfique dans certaines conditions. Mais chacun sait que cela ne suffit pas pour les réussir. Il lui faudra avoir non seulement des compétences techniques qu'il a mémorisées mais aussi un recul de réflexion, un savoir et un « savoir-faire » soutenus par un « savoir-être ». Quand on analyse par exemple les entraînements des futurs cosmonautes, on constate comment l'apprentissage leur permettant d'acquérir un haut degré de performances techniques et physiques passe par un accompagnement psychique conséquent, incluant une « intériorisation » et un sens du discernement aiguisé, afin de faire face à l'imprévu et de gérer le stress.

Il en va de même pour les sportifs de haut niveau, dont on sait que leurs capacités physiques sont importantes mais qu'elles ne leur permettront d'être champions que si elles croisent une « maîtrise de soi » et une capacité d'adaptation qui les empêcheront de « perdre leurs moyens » en cas de difficulté imprévue. De plus, on sait que la performance sportive d'un jour ne suffit pas, qu'elle doit s'inscrire dans la durée en gérant les hauts et les bas inévitables dans la carrière d'un sportif. On connaît aussi les tentations du dopage et de ses formes nouvelles, qui ne laissent pas indemnes. Là aussi l'aspect psychique est essentiel, y compris pour gérer les conditions de vie des « stars » et la suite de leur existence, une fois les exploits sportifs passés. Certes « améliorer le biologique peut aider à améliorer le psychique », mais les expériences montrent que l'inverse est aussi à prendre en compte et que le psychique ne se limite pas au biologique même s'il y est enraciné. Performance physique et sagesse de vie se croisent ici pour le meilleur… en espérant éviter le pire ! Et tout cela s'apprend.

L'humain contingent et vulnérable

Les visées transhumanistes de l'homme augmenté par les technosciences m'apparaissent souvent dangereuses parce qu'elles cherchent à faire sortir les personnes de la condition humaine, leur promettant, pour ici-bas, un « autre monde » sans limitation et pratiquement sans contingence. Il y a là une grande illusion qui nie l'humain dans sa profondeur et qui peut se traduire par de grandes désillusions aux conséquences tragiques. L'image du « cyborg invulnérable » rejoint cette longue tradition de « l'homme de fer » qui maîtrise tout, connaît tout ce qu'il faut à tout moment et se pense libéré des contingences humaines quotidiennes. Pourtant, dans les histoires de science-fiction justement, il y a souvent un « grain de sable » qui vient enrayer la machine dite invulnérable, une sorte de talon d'Achille ! Comme un signal d'alarme à prendre en compte lorsque la science-fiction tend à devenir réalité.

Il ne s'agit pas de rejeter l'intérêt des technosciences pour alléger ces contingences, notamment lorsque l'humain est atteint de maladies ou de handicaps, également pour améliorer ses capacités de résistance, mais c'est l'illusion de « sortir de la condition humaine » pour un monde sans souffrance et aseptisé par la technique qui est ici pointée du doigt. Ne s'agit-il pas d'une fuite du réel, d'une fuite de soi ? Comme nous l'avons analysé, cette vision correspond en fait à un humain « simplifié », qui perd en quelque sorte les richesses de sa complexité, sa créativité et ses énormes capacités de contempler et de goûter la vie, de rebondir devant l'adversité et la souffrance, de s'associer à d'autres pour un vivre-ensemble porteur d'avenir. À l'opposé, nous proposons que les technologies soient utilisées pour grandir dans le « pouvoir d'être soi » selon la formule de Habermas. C'est-à-dire, pour nous, le pouvoir d'être en vérité avec les autres et avec soi, le pouvoir de donner ce qu'on a de meilleur pour la construction du bien commun, dans un esprit de fraternité.

Qui de nous a envie de remettre sa mémoire, ses discernements et ses choix à ceux qui nous proposent des superordinateurs en réseaux capables de gérer nos données personnelles et de décider à notre place ? Bien sûr que nous sommes tout heureux de bénéficier d'un bon GPS lorsque nous ne connaissons pas la route pour atteindre notre destination. Bien sûr que nous pouvons remettre une part de notre confiance entre les mains de spécialistes des technologies, mais il ne s'agit pas de les laisser décider à notre place ! Le pouvoir de ceux qui possèdent les technologies deviendrait incontrôlable et hégémonique. Il y aurait aussi une humanité à deux vitesses, celle qui aurait accès à ces technosciences et l'autre qui en serait dépourvue !

Du cyborg invulnérable à l'homme en chemin d'accomplissement, il y a un saut qualitatif provocant. Paul Valadier nous invitait déjà, à partir de la tradition chrétienne, à regarder la grandeur de l'homme jusque dans ses faiblesses. Non pas pour en rester aux faiblesses, mais pour ne pas les nier afin de les travailler comme lieu possible de croissance. Parmi ces faiblesses, on pense aux diminutions physiques et psychiques, et au témoignage de tant d'hommes et de femmes handicapés, rayonnant d'humanité. Ils ont pu et su accueillir un « plus de vie », un plus d'intelligence, un plus d'amour de l'intérieur de leur faiblesse. Ils se sont ouverts à la vie, ont franchi les barricades que le regard de la société avait construites et ont changé leur propre regard sur eux-mêmes.

Je pense ici au témoignage étonnant du jeune Australien Nick Vujicic, né sans bras ni jambes (voir son blog sur Internet), qui a pourtant été l'un des premiers Australiens gravement handicapés à entrer dans une école ordinaire. Franchissant bien des obstacles, bien des moments de désespérance et de rejet, il ose dire aujourd'hui, au cours de conférences données devant des lycéens, combien nos blessures, nos handicaps, nos faiblesses peuvent devenir des lieux de force pour se relever et construire une civilisation de l'amour. Nous avons ici un magnifique exemple à propos de la question des limites sur laquelle nous sommes sans cesse revenus dans le présent ouvrage. Nick Vujicic, avec l'aide de ceux qui ont cru en lui, a su « repousser ses limites » de manière spectaculaire, non pas en les niant ou en misant sur un autre monde où tout irait bien, mais en luttant et en travaillant de l'intérieur, porté en ce qui le concerne par une foi vivante en Dieu. Il reste sans bras ni jambes, il n'a pas de membres artificiels. Peut-être un jour se décidera-t-il à en avoir, et cela l'aidera sans doute, améliorera son quotidien. Cependant sa force principale ne vient pas d'un bras artificiel, mais de l'intérieur de lui-même, une force qui dit l'inépuisable richesse de l'homme qui accueille la vie, même au cœur de profonds handicaps. Une force comme celle-là permet à l'homme d'entrer et de marcher vers son accomplissement, de grandir dans le « pouvoir d'être soi ». Quel écart entre l'histoire de Pistorius et celle de Vujicic ! Mais il n'est sans doute pas trop tard pour le premier. Il n'est jamais trop tard, comme nous le montrent les exemples cités en soins palliatifs.

De même, devant les défis de la violence qui se nourrit de « mimétismes » comme le dit si bien René Girard, une réponse technique ne peut suffire. Or la violence est un défi quotidien dans nos sociétés modernes. L'homme augmenté par les technologies ne semble pas à même de relever ce défi, si ce n'est en termes de défense et en y répondant par une autre violence. Et si les technologies peuvent faire progresser les dispositifs de sécurité, ce qui est favorable, ce n'est pas à partir d'elles que l'homme sortira du cercle de la violence. Elles pourront même donner parfois des armes aux agresseurs. On peut ainsi redouter que des terroristes ne s'emparent des technosciences ! Paul Ricœur, dans son dialogue avec le neurobiologiste Jean-Pierre Changeux[1], insistait pour rappeler que, même si l'évolution biologique a permis la mise en place de certains instincts moraux chez l'homme, la violence de ce dernier nécessite la mise en place de normes morales, sociales et culturelles pour la contenir. Ces limites que sont les interdits du meurtre et de l'inceste sont des protections de notre liberté humaine, contre sa propre violence notamment.

Cependant les normes ne suffisent pas, il faut aussi une force intérieure pour les vivre et relever le défi de la violence, non pas seulement pour la canaliser ou pour sortir des mimétismes destructeurs mais aussi pour proposer la bienveillance en lieu et place. Quelle est donc cette force

1. Jean-Pierre Changeux et Paul Ricœur, *La Nature et la Règle*, *op. cit.*

qui animait un Nelson Mandela qui, après vingt-six ans d'emprisonnement en Afrique du Sud dans des conditions indignes, est sorti de prison sans esprit de vengeance, mettant tout en œuvre pour un chemin de réconciliation dans un pays déchiré par l'apartheid ? Et même si tout ne fut pas parfait, loin de là, ce chemin de réconciliation fut celui de l'accomplissement d'un rêve d'humanité. Lorsque les technologies sont au service de ces grands moments d'humanisme (et elles peuvent l'être notamment quand elles permettent aux humains d'être en relation, interconnectés), alors elles prennent toute leur place au service de la société. Et il y a déjà des exemples en ce sens, comme le documentaire intitulé *Demain*[1] le montre avec force et provocation, à l'intérieur de la vie ordinaire.

Le « héros cyborg » immortel des transhumanistes est à l'image d'un homme « fatigué par ses limites ». Il est bien loin de l'humanisme des êtres reconnaissant leurs faiblesses voire leurs erreurs pour y puiser une force nouvelle afin d'imaginer et de construire un monde de justice et de fraternité où les technologies prennent une place pour bien vivre ensemble. Encore faut-il oser passer de la toute-puissance, technologique par exemple, à la reconnaissance d'une non-puissance non violente qui donne souffle et vie ! C'est l'idole de la toute-puissance qui est ici attaquée. Elle est fortement inscrite dans nos cerveaux et nos éducations d'Occidentaux, en ce monde de compétition. La croyance en la toute-puissance des technosciences en est une manifestation qui

1. Cyril Dion et Mélanie Laurent, 2015.

ne remet pas en cause ces dernières mais les mentalités qu'elles peuvent engendrer et que l'homme entretient ou amplifie. Le renoncement aux idoles enfin débusquées, quelles qu'elles soient, participe au chemin de l'accomplissement de l'homme au sein de ses écosystèmes.

L'homme « playing God » *?*

Cet instinct de « toute-puissance », classique en psychologie, se retrouve dans notre imaginaire collectif lorsqu'on demande aux technoscientifiques qui modifient les génomes ou qui tentent de fabriquer du vivant s'ils ne se prennent pas pour Dieu (*playing God*). Certes cela fait référence au Créateur de la vie qui se trouverait concurrencé par l'homme qui modifie le vivant en le réinventant selon ses propres vues. Et ce point est, en effet, à prendre fortement en considération. Mais, dans le *playing God*, le visage du dieu en question est justement celui de la toute-puissance ! Se prendre pour Dieu est équivalent non seulement à mettre la main sur la vie, ce qui est une vraie question, mais aussi à avoir la toute-puissance telle que nous la concevons, sans aucune limite.

Or il est subtilement provocant de constater que, dans la tradition chrétienne, on proclame le « credo » en un Dieu, « Père tout-puissant, créateur du ciel de la terre... », mais en oubliant bien souvent de quoi est faite cette toute-puissance. Jésus nous la manifeste justement sur la Croix, au pied de laquelle le centurion romain va, de manière paradoxale en apparence, reconnaître qu'« assurément celui-ci était Fils de Dieu » (Évangile selon saint Matthieu, XXVII, 54). Il la manifeste « à genoux devant ses apôtres » quand il leur lave les pieds, lorsqu'il accueille les plus petits, les plus exclus et ceux qui sont comptés pour rien dans la société. C'est la toute-puissance de l'amour qui se donne jusqu'au bout dont il s'agit ici. Et c'est cet amour tout-puissant qui est créateur. Du reste la Bible emploie un verbe spécifique à Dieu pour dire qu'il crée (*bara* en hébreu), mot qui est tout à fait différent de celui de « fabriquer ». Le Dieu de la Bible n'est pas le « grand Ingénieur de l'univers » qui fabrique la machine-univers dans une toute-puissance solitaire et jalouse. Il est celui qui crée par amour dans une relation qui fait exister le monde et l'humanité, à tout instant, qui lui donne « le souffle de vie ».

Le visage du Dieu chrétien est celui de l'amour qui en effet est créateur et puissant, mais d'une tout autre forme de puissance que celle que nous imaginons à partir de nos expériences d'hommes. Sa puissance est celle de la vulnérabilité au sens très fort de ce terme (l'enfant-Dieu naît dans une crèche, vulnérable), à travers sa manière de se laisser profondément rejoindre par l'humanité au point de devenir l'un d'entre nous et de porter les souffrances d'hier, d'aujourd'hui et de demain, au point de donner sa vie, de la remettre entre nos mains, pour que les hommes aient la vie en abondance. Le Dieu chrétien est à l'opposé des formes de toute-puissance de notre monde, pas seulement technocratiques. La non-violence et le sens de la réconciliation nationale portés par Nelson Mandela (et combien d'autres !) disent beaucoup mieux, bien qu'imparfaitement, la toute-puissance du Dieu chrétien.

Le théologien et brillant conférencier François Varillon parle de cette conversion fondamentale pour tous sur le chemin de la foi : « Toute l'histoire de la révélation [judéo-chrétienne] est la conversion progressive d'un Dieu envisagé comme puissance à un Dieu adoré comme amour. C'est avec cette perspective-là qu'il nous faut relire toute la Bible et étudier l'histoire des religions[1]. » Cela reste une conversion pour tout le monde, chrétiens compris ! Cette conversion est aussi une belle ouverture pour passer d'un homme augmenté par son pouvoir technologique à un homme en chemin d'accomplissement au rythme de l'amour, au sein de la société et de pays dits chrétiens qui voient pourtant se développer aussi le transhumanisme le plus extrême.

Je voudrais reprendre ici un épisode de l'Évangile selon saint Marc (chapitre IX, 30-37) qui, quelles que soient nos croyances, donne des éléments clés du chemin d'accomplissement de l'humain dans le sens d'une saine utilisation du pouvoir. Jésus fait route à travers la Galilée, qui représente le carrefour des nations (on peut comprendre « le monde dans sa diversité »), notamment la ville de Capharnaüm où il séjourne souvent. Il tente de faire comprendre à ses disciples, qui sont émerveillés de sa puissance de guérison, de la force de sa Parole et de son rayonnement, que le Fils de l'Homme sera livré aux mains des hommes, qu'ils le tueront et que trois jours après il « se lèvera », nous dit le texte. Mais

1. François Varillon, *Joie de croire, joie de vivre*, Bayard, 2000.

les disciples ne comprennent pas cela, ou ne veulent pas l'envisager, car ils sont fascinés par le pouvoir de Jésus. Du coup, c'est lui qui les interroge sur « ce qu'ils disent en chemin » (on peut comprendre « ce qu'ils partagent comme points essentiels »). Ils n'osent répondre car en fait ils se disputaient pour savoir « qui est le plus grand ». Alors Jésus, sans aucune leçon de morale, s'assoit avec eux et leur dit : « Qui veut être le premier, qu'il soit le dernier et le serviteur de tous. » Et il place un enfant au milieu d'eux. L'enfant c'est non seulement le « tout-petit » mais aussi celui dont la parole, à l'époque de Jésus, n'avait pas de poids, pas de reconnaissance. « Qui accueille un de ces petits enfants en mon nom, c'est moi qu'il accueille. Et qui m'accueille, ce n'est pas moi qu'il accueille, mais Celui qui m'a envoyé. »

Devant la violence que Jésus va subir, malgré son rayonnement ou à cause de lui, il invite ses disciples à la non-violence, au non-pouvoir à la manière du monde. Il salue leur désir d'être premier, mais il leur apprend ce que cela veut dire pour lui : le premier est celui qui est capable de rejoindre le dernier (Jésus le fait déjà dans ses rencontres d'Évangile et dans sa Passion, mourant pendu au bois de la Croix entre deux bandits, comme un « maudit de Dieu » selon la loi juive, rejoignant par là tous les exclus). Le premier est celui qui se fait le serviteur de tous, le premier est celui qui perçoit dans l'accueil d'un tout-petit, d'un enfant, la puissance de Dieu, sa vulnérabilité et son amour, seule véritable arme pour vivre pleinement le chemin de la liberté et du « devenir soi », pour construire une société de service et de justice par un engagement social marqué et une ouverture déterminée aux plus démunis. Il propose de ne pas entrer dans l'engrenage de la violence et du mal, à commencer par ces comparaisons débouchant sur des questions comme « qui est le plus grand ». Il met en garde la liberté de l'homme contre tout pouvoir vécu comme une appropriation et non comme un service.

On pourrait dire que cette attitude de Jésus est magnifique mais peu efficace ! Et pourtant « on en parle encore », vingt siècles après, et il reste pour beaucoup d'humains comme le prototype de « l'homme libre », comme un modèle, comme un maître de vie et de spiritualité, comme « le Messie et le Sauveur » pour deux milliards de chrétiens dans le monde d'aujourd'hui. Devant les formes de pouvoir, y compris technocratiques, que notre monde peut connaître, n'y a-t-il pas là un appel à reconsidérer le « *playing God* » ? La question de savoir si nous nous comportons comme des serviteurs ou comme des « propriétaires de la vie et des vivants » est d'une prégnante actualité. De notre réponse collective dépendra en partie l'accomplissement de l'humanité dans le respect de la nature, de la vie et des vivants.

Retour sur quatre points d'appui de notre recherche

Je voudrais maintenant synthétiser les postures qui guident ma réflexion et qui me semblent être des pistes à continuer de travailler et d'enrichir pour agir au service de la grandeur de l'homme : une posture épistémologique sur l'incomplétude, une posture « éthique », une posture anthropologique et une posture théologique.

Mon expérience en épistémologie de la physique quantique m'a appris à travailler avec l'incomplétude de la raison scientifique, ce qui ne signifie pas une défaite de la raison mais une ouverture au fond des choses inatteignable par cette même raison qui pourtant le cherche. L'acceptation de l'incomplétude et, bien souvent, du fait de buter sur la contradiction comme dans le cas « onde-corpuscule » en physique quantique, conduit le chercheur à vivre des attitudes humaines pleines d'humilité et de richesses :

– Il apprend à accueillir le réel comme quelque chose qui résiste à ses représentations et ne se confond pas avec elles. Je pense que c'est une expérience de désappropriation libérante !

– Il apprend à accepter positivement l'incomplétude de sa compréhension du réel, non comme une défaite de sa raison mais comme une condition de progrès de cette raison. Là aussi on peut parler de libération.

– Il cherche à construire du sens sur fond de non-sens apparent quand il bute sur de véritables contradictions, comme l'histoire de la physique quantique le montre. Mais il n'y a pas qu'en ce domaine que l'on peut constater que le contraire d'une vérité profonde peut être une autre vérité profonde. Quelle école de vie et de dialogue !

– Il s'ouvre par cette incomplétude à une altérité fondamentale : quelque chose échappe, le réel se laisse appréhender tout en restant toujours « autre » ; par là, il commence à s'ouvrir à l'universel. N'est-ce pas l'une des sources de la liberté et de la recherche du bien commun !

– Il entre ainsi dans le mystère du connaître. Là, il va apprendre l'interdisciplinarité et le dialogue, au sens fort !

Ces attitudes peuvent ouvrir de nouveaux dialogues entre les disciplines, entre les cultures et entre les religions. Je parle alors volontiers de « la joyeuse expérience de l'incomplétude » qui permet de quitter les certitudes rigides, de sortir de la volonté de maîtrise pour entrer davantage dans la rencontre interculturelle et interreligieuse, jusqu'à la contemplation de ce « fond des choses » qui nous échappe et ouvre l'homme à l'infini. Notons bien qu'il ne s'agit aucunement d'entrer dans un relativisme généralisé, sous prétexte d'incomplétude. Toute hypothèse continuera d'être passée au crible des critères de scientificité et toutes les hypothèses ne se valent pas !

Se dégage ici la possibilité intellectuelle pour l'homme de sortir de cette « toute-puissance » de la raison seule (sans pour autant négliger ou rejeter la raison, bien au contraire). Par l'expérience de l'incomplétude, le chercheur vit une plus juste union entre raison et vision, entre déduction et intuition, dans un renoncement joyeux et audacieux à une compréhension exhaustive et définitive du réel. Nul doute qu'un tel changement de mentalité peut aussi avoir des conséquences importantes sur notre manière d'agir, vis-à-vis de la nature par exemple, dans l'utilisation des technosciences, mais aussi dans les relations entre groupes et peuples divers, dans un renoncement délibéré à la toute-puissance qu'ouvre la reconnaissance de l'autre différent.

De par cette incomplétude positivement acceptée, je suis de plus en plus favorable à une « éthique en coconstruction » (deuxième posture), dans laquelle les différents acteurs des sciences et technologies puissent non seulement apporter leurs contributions, mais aussi « être eux-mêmes embarqués » dans une recherche responsable. L'éthique de la sollicitude de Paul Ricœur et l'éthique de la discussion de Jürgen Habermas nous donnent des fondements essentiels pour cette coconstruction. Dans ce cadre, je préconise de mettre en place des formes de *crowd'ethics* qui doivent permettre aux citoyens de dialoguer avec les technoscientifiques, les économistes, les politiques et les différents organismes de la société engagés sur le terrain de l'humanisme, y compris au niveau des traditions culturelles et religieuses, afin d'alimenter les choix de régulation, localement et mondialement. Avec Pierre Giorgini, je pense que des « tiers lieux » informels pourront aussi permettre la mise en place de véritables laboratoires d'idées partagées, de « communautés apprenantes », pour innover en termes techniques, économiques, éthiques et humanistes. Les universités ont un rôle majeur de recherche à jouer en ce sens, pour une innovation pédagogique permettant de proposer de nouvelles formations interdisciplinaires pour « apprendre à vivre et à travailler dans le monde complexe d'aujourd'hui et de demain ». Là aussi se fait jour une possibilité de servir la société en travaillant sur ce qui fait la grandeur de l'homme.

Ma posture anthropologique se situe dans l'esprit de saint Paul et de saint Irénée de Lyon notamment : l'humain est envisagé à travers la dynamique d'interaction corps-psychisme-esprit, dans son environnement ai-je ajouté. L'expérience des soins palliatifs d'une part et les nouvelles recherches sur les liens réciproques entre biologie et psychisme d'autre part, m'ont confirmé l'intérêt de cette posture anthropologique pour fonder une recherche en éthique des technosciences appliquées à l'humain. En lien avec la notion d'incomplétude citée plus haut, nous avons souligné que la vie et l'esprit comportent toujours quelque chose qui échappe au biologiste et au neuroscientifique, et qui est « à recevoir ». Nous avons montré que le « penser c'est calculer » de l'intelligence artificielle était intéressant mais réducteur pour rendre compte du « je » qui pense. On peut ajouter que « je pense, je suis, je vis, j'existe » ne sont pas des formules équivalentes. Ce « quelque chose qui échappe » nous resitue devant le mystère de la vie et le mystère du sujet, de l'homme, dont l'intellect est traversé d'infini. Tout cela nous invite à un profond respect de l'humain dans le travail de réparation et d'amélioration de ses capacités biologiques, pour favoriser sa grandeur et son accomplissement !

Enfin, la posture théologique ici privilégiée est celle de la théologie apophatique qui consiste à approcher l'Indicible en acceptant de passer au crible de la négation toute affirmation sur Dieu afin d'honorer, là aussi, le mystère de Dieu dans le sens noble du terme « mystère ». Ainsi, nous avons manifesté, dans la grande tradition des Églises chrétiennes, comment la toute-puissance de Dieu ne peut se comprendre qu'à travers la non-puissance du Christ dans sa vie publique et sur la Croix. Ce Dieu qui n'est qu'amour comme dit

François Varillon, est lui-même vulnérable, par ce fait même. « Jouer à Dieu-*playing God* » en se prenant pour le maître tout-puissant de la vie, du bien et du mal, est à l'opposé de cet amour qui nous invite au contraire à le partager dans la non-violence, la bienveillance, le pardon, le respect de la vie, de toute la création et le discernement éthique pour le bien du genre humain, en privilégiant l'attention aux plus vulnérables. Se dégage ici une forme de puissance de vie que certains considéreront comme utopique mais qui pourrait servir de base pour repenser le rôle des technosciences dans le respect d'un humain vulnérable « en chemin d'accomplissement ».

Les racines de la personne humaine sont « en avant »

Programmés pour apprendre, nous arrivons dans l'existence avec beaucoup de marge de progression devant nous. Comme le dit le philosophe suisse du XXe siècle Maurice Zundel, quand nous arrivons au monde nous sommes déjà un « moi » mais, en quelque sorte, un « moi préfabriqué[1] » : « Notre vie plonge dans l'univers physique. Nous sommes cosmiques, nous venons de la plante, nous venons de l'animal, nous résultons des immenses évolutions, nous sommes un morceau, une miette de l'univers. Nous portons dans notre inconscient toute cette histoire de l'univers, nous portons dans notre inconscient l'histoire de l'espèce, ses

1. Maurice Zundel, *Ses pierres de fondation*, Éd. Anne Sigier, 2005, p. 216.

revendications, sa volonté de durer. Il n'y a rien en nous qui soit de nous. Nous sommes un produit préfabriqué. »

Le petit d'homme a « tout reçu » (y compris d'être déjà à l'image de Dieu dira le chrétien) et doit tout développer. Il expérimente ainsi une forme de pauvreté selon Zundel, une forme de vulnérabilité devant la nécessité qu'il a de reconnaître un moi reçu, et son besoin des autres pour devenir lui-même. Préfabriqué, le moi découvre progressivement qu'il est « habité » et unique, découvre la « conscience de soi », une intériorité dans laquelle personne ne peut entrer. L'homme expérimente une force intérieure qui le pousse à se dépasser, à se construire, à se « prendre en main », à devenir de plus en plus autonome, c'est-à-dire unique et en relation avec d'autres dont il reçoit ce qui le révèle à lui-même. C'est en se vivant relié, en acceptant de ne pas être fermé sur son moi, que l'homme advient progressivement à lui-même, à son « soi ». Il expérimente dans le donner-recevoir une force de révélation de soi. Et il devient créateur, en se donnant à son tour. Peu à peu les déterminismes biologiques cessent de le porter même si c'est toujours à travers eux qu'il se construit, qu'il expérimente une partie de sa contingence et acquiert compétences et sagesse. À travers ces déterminismes et dans l'exercice d'une liberté à conquérir, il apprend à fonder ses choix pour décider de son avenir. Il découvre alors qu'il est « traversé d'infini » comme disait Blaise Pascal, et qu'il y a là une authentique source de liberté.

C'est pourquoi Maurice Zundel peut dire[1] : « L'homme

1. Maurice Zundel, *Itinéraires*, Éd. de La Colombe, 1947, p. 14.

est un animal qui est appelé à naître à son humanité... Il a ses racines biologiques dans le sol, dans l'humus, il doit aspirer les forces de la nature pour les faire monter vers le ciel et vers l'amour... Pourtant les racines de l'homme [de la personne humaine] ne sont pas en arrière, dans son moi préfabriqué, elles sont en avant de lui. » À partir d'une autre tradition, François Cheng dit à sa manière que l'accomplissement de chacun est en avant de soi[1].

L'homme n'est pas un héros invulnérable, mais un apprenant humble et audacieux, devenant lui-même au rythme de l'amour qui seul éveille à la vraie vie. On dit du reste que les enfants qui n'ont pas eu la chance d'être aimés ont beaucoup plus de mal à grandir. De toute manière, cette croissance ne se fait pas sans combats, sans franchir des seuils que les événements de la vie déclenchent bien souvent. Apprendre à vivre libre demande un chemin de maturité qui passe par le physique, le psychique et le spirituel. Ceux qui sortent de prison après une peine en savent quelque chose. La liberté physique ne suffit pas, même si elle est un pas important.

Il me revient ici en mémoire le témoignage bouleversant d'un ancien prisonnier, encore jeune, qui emmenait sa mère visiter la prison où il avait été incarcéré, juste avant que cette prison ne soit transformée en campus universitaire après avoir été désaffectée (en l'occurrence l'ancienne prison Saint-Paul à Lyon, devenue depuis le nouveau campus Saint-Paul de l'Université catholique de Lyon). Au cours de

1. François Cheng, *Le Livre du Vide médian*, Albin Michel, 2009.

la visite que je conduisais, il me demanda s'il pouvait montrer à sa mère son ancienne cellule. Imaginez la scène d'une maman découvrant la cellule exiguë et sordide où son propre fils avait vécu des années sombres avec trois autres détenus. Et voilà que c'est dans cette cellule que le fils demanda explicitement pardon à sa mère ! La lumière du pardon venait de transformer ce lieu infâme. Et je me disais intérieurement que cet homme, qui avait été libéré physiquement depuis quelques années, nous montrait en ces instants qu'il devenait vraiment un homme libre ! Ce sont les relations fortes qui permettent à l'homme de passer de son « moi », qui est donné, à son « soi », qui est don. C'est là aussi que s'origine l'accomplissement de la personne humaine.

Chacun peut expérimenter le patient apprentissage de la liberté, avec des hauts et des bas, y compris dans des sociétés démocratiques riches. Apprendre à se libérer de ses vieilles habitudes, de ses schémas de vie tout faits, de ses jugements a priori, bref de toutes ses habitudes de non-vie, voilà qui constitue un chemin plein de méandres mais riche de croissance, un chemin progressif d'accomplissement qu'aucune technologie ne peut remplacer, même si elle peut le faciliter. Là aussi le suprême degré dans l'apprentissage de la liberté est de se laisser désidolâtrer : apprendre à ne plus être esclave des technologies mais à les utiliser avec justesse et recul, apprendre à cesser d'être dans la toute-puissance, laisser ses « veaux d'or » quels qu'ils soient, et sortir de ses propres idées sur Dieu lui-même ! Ce sont souvent des événements et des rencontres qui déclenchent ces seuils d'ouverture. Quoi qu'il en soit, seule l'expérience de l'amour, de la confiance et de la foi permet de laisser les sécurités humaines qui entravent si souvent la liberté de l'homme. Et il faut parfois traverser bien des déserts avant que s'ouvrent des prises de conscience, des prises de risque, des sorties de certitudes enfermantes, des abandons de pouvoir ou de possession, bref des espaces de vulnérabilité, pour entrer dans une véritable fidélité à soi, à d'autres, à la vie et à Dieu.

Apprendre à traverser les échecs, personnels ou collectifs, est aussi l'un des seuils de croissance les plus importants. Là aussi la toute-puissance est un frein et le lâcher-prise une chance. Mais il faut du temps, du travail corporel, psychologique et spirituel, de l'approfondissement, pour « faire son deuil » de ses échecs, en commençant par les reconnaître et les nommer, puis les regarder en face et accueillir une force intérieure pour les traverser. Quand on est dans l'échec, on se vit comme un « exilé », on ne se reconnaît plus, on ne reconnaît plus les siens, il y a comme une cassure en soi. L'échec peut rendre aveugle. On peut même se sentir abandonné, par ses proches et par Dieu ; personne ne semble nous comprendre. Déjà le fait de se demander « Comment en suis-je arrivé là ? » est une première étape pour travailler. Là aussi le risque est l'évasion, la sortie du réel, voire la pensée que l'on va pouvoir s'en sortir en passant dans un autre monde où tout va s'arranger comme par magie : autant de façons de nier l'échec et de s'y enfermer. Faire la vérité sur son histoire passée nécessite souvent un accompagnateur qui a suffisamment de recul pour nous aider à en prendre nous aussi. Le regard de confiance de l'accompagnateur est nécessaire, pas de fusion mais de bienveillance, un regard qui espère, qui « nous » espère. Lorsque ces échecs sont en grande partie dus à nous-mêmes, il faut souvent une « opération vérité » pour les reconnaître, avec un regard lucide qui ne cherche pas d'excuses toutes faites ou de boucs émissaires trop rapidement nommés. Traverser l'échec sera aussi « sortir de la culpabilité » tout en osant regarder la situation sans concessions. L'accompagnateur nous aide à retrouver nos « points d'appui », à en chercher de nouveaux, long chemin de retournement, de passage de l'ombre à la lumière. Beau chemin d'accomplissement de soi, où l'on peut tirer beaucoup d'enseignements de ses échecs. Et lorsqu'ils sont traversés, une vie nouvelle plus riche et plus ouverte est souvent possible. Quelle expérience de vulnérabilité là aussi !

Dans tous ces « apprentissages » de liberté, l'homme fait l'expérience que c'est une force intérieure qui le fait sortir de ses « idoles » et traverser ses échecs. Cette force surgit de la rencontre en soi entre amour et vérité, entre un regard bienveillant et un regard de lucidité, les deux ensemble. Les techniques d'analyse, de travail psychologique, de discernement spirituel sont importantes ; elles peuvent même faire appel aux technologies. Mais rien ne remplace le travail intérieur et le « choix de la vie » que l'homme pose dans les étapes importantes vers son accomplissement personnel. Ces choix posés parfois au cœur de situations dramatiques nous disent que la vie peut vaincre la culpabilité et le repli sur soi, qu'elle est plus forte que tout ce qui conduit à la mort finalement. Et il n'y a pas que la mort physique, mais toutes ces formes de mort qui nous empêchent d'être nous-mêmes, la blessure, la haine, l'égoïsme, l'instinct de possession, la peur, l'échec.

Nous retrouvons la confrontation à notre condition mortelle comme un lieu possible pour faire la vérité et trouver un nouvel « espace de vie ». Les courants qui nous promettent l'immortalité grâce aux technosciences nous appauvrissent lourdement dans notre chemin d'accomplissement car ils nous laissent imaginer que les technologies vont nous sauver, jusqu'à la mort physique. En niant la vulnérabilité de l'homme confronté à de nombreuses formes de mort, ils pourraient nous détourner des sources d'énergie nécessaires pour traverser « ces morts » et lutter pour une liberté toujours à conquérir. Ils pourraient nous empêcher de comprendre que la vie peut vaincre la mort sous toutes ses formes, même la mort physique pourtant inéluctable ! En la traversant elle aussi, sans la nier. Lorsque la mort est niée, on ne peut plus croire qu'elle puisse devenir un passage vers la vie, vers une plénitude de vie.

« Parce que nous aimons nos frères, nous savons que nous sommes déjà passés de la mort à la vie. Celui qui n'aime pas reste dans la mort », nous dit saint Jean [1]. Ce texte puissant nous fait pressentir comment le chemin du frère est chemin d'accomplissement. Il nous permet par exemple de nous laisser désapproprier de nos propres richesses, matérielles et intellectuelles, pour partager avec l'autre. Le chemin du frère ouvre un espace de rencontre et d'amitié qui nous fait percevoir la différence entre « avoir plus » et « être plus ».

1. Première épître de saint Jean, III, 14.

Progressivement, le mensonge n'a plus de place dans la relation de confiance qui s'établit, contrairement à ce qui se passe bien souvent dans le monde ordinaire où le mensonge peut apparaître comme une puissance de conquête et d'intérêt. On retrouve ici les trois interdits généralement proposés en éthique : le meurtre, l'inceste (pas seulement au sens physique) et le mensonge qui ne permet pas la confiance. Ces « interdits » posés en éthique peuvent parfois nous apparaître « moralisants » ou théoriques ; ils deviennent gages de liberté dans le chemin du frère. On perçoit alors l'ouverture pour laisser « le vieil homme » revêtir « l'homme nouveau » qui se laisse sans cesse renouveler intérieurement pour devenir vraiment créateur. Dans cette expérience, nous passons déjà de la mort (possession, mensonge et égoïsme) à la vie qui est don, gratuité et renouvellement, même si le chemin reste toujours long à parcourir et que tout est souvent mélangé. Alors nos richesses, bien utiles, peuvent devenir des moyens et non des buts, des moyens pour construire, aider, soutenir des initiatives de vie et de solidarité qui germent partout dans notre monde.

Augmenter nos capacités grâce aux technologies, pourquoi pas. Mais dans quel but ? Posséder plus ou être plus, augmenter nos capacités pour vivre un individualisme sclérosant ou au contraire pour vivre la joie de donner et de recevoir au service du bien commun ? Il y va de notre liberté, de notre bonheur et de nos capacités d'action et d'invention. Faire croire que la mort sera vaincue par les technologies, c'est nous inciter à ne pas regarder ces choix de vie. Au contraire, quand on se pose devant notre condition mortelle, devant la mort physique possible à tout moment, on peut mesurer ce qui est essentiel et ce qui est second. C'est ce qu'on constate souvent dans le cheminement des soins palliatifs, là où l'homme mesure ce qu'il emportera « de l'autre côté », son être et non pas son avoir. Et voilà que parfois ce chemin du frère permet à celui qui approche de la mort physique de ressentir, au cœur de sa faiblesse physique qui reste une très grande épreuve, une formidable énergie de vie et d'amour. Certains perçoivent alors qu'« un grand amour les attend », ultime lieu d'accomplissement et de plénitude.

Personnalisation et socialisation

« En avant », c'est aussi le leitmotiv de Teilhard de Chardin qui, comme les biotechnologistes d'aujourd'hui, se situe dans le grand mouvement de l'évolution. Teilhard perçoit un monde immense en travail d'enfantement, dans la montée de la complexité, depuis les particules et les atomes (cosmogenèse), en passant par le « pas de la vie » (biogenèse) puis le « pas de la réflexion » avec l'homme (noogenèse) jusqu'à la convergence en un point oméga, à la fois point culminant de complexité-conscience et foyer d'attraction. Il croit que l'homme est devenu la « flèche de l'évolution », avec toutes les responsabilités que cette position lui donne.

Teilhard constate un principe « d'union » à l'œuvre dans l'évolution, dès les particules élémentaires : « À l'opposé de ces groupements massifs, inorganiques, où les éléments se confondent et se noient, la nature se révèle pleine d'associations construites, régies organiquement par une loi juste inverse. Dans le cas de pareilles unités le rapprochement des éléments ne tend pas à annuler leurs différences. Il les exalte au contraire. En tous domaines expérimentaux, la véritable union (c'est-à-dire la synthèse) ne confond pas, elle différencie. Voilà ce qu'il est essentiel de comprendre au moment de se décider pour la grande option[1]. » Et il ajoute : « Tout, dans l'Univers, se fait par union et fécondation – par rassemblement des éléments qui se cherchent, et se fondent deux à deux, et renaissent dans une troisième chose[2]. » La montée de la complexité a permis, par étapes successives et grâce à cette « union créatrice », de passer de la matière inerte à la matière vivante, jusqu'à l'homme pensant, l'hominisation et la socialisation.

Cette vision qui enracine l'histoire de l'humanité dans l'histoire de l'univers et de la vie m'a depuis longtemps attiré, sachant que Teilhard l'avait déjà en lui dès 1919, bien avant que les théories du Big Bang ne soient formulées. Elle concerne l'homme dans sa singularité – lui qui est capable non seulement de connaître mais aussi de se connaître –, dans sa socialisation – c'est-à-dire l'interconnexion des consciences dans la noosphère qui doit favoriser la personnalisation –, et dans son avenir au souffle de l'union créatrice. C'est-à-dire dans le chemin d'accomplissement de l'humanité tout entière. Le monde

1. Pierre Teilhard de Chardin, « La grande option », *Cahiers du monde nouveau*, n° 3, 1945.

2. Pierre Teilhard de Chardin, *Œuvres complètes*, Seuil, t. XII, 1976, p. 281.

scientifique et technique a beaucoup évolué depuis Teilhard, mort en 1955, mais sa vision et ses intuitions ont encore beaucoup à apporter à l'homme du XXIe siècle confronté à la synergie des trois révolutions du numérique, des technosciences et de l'économie mondialisée.

Selon Teilhard, chaque personne (et chaque groupe humain collectivement) est appelée, sur le chemin d'accomplissement, à trois mouvements qui s'interpénètrent : celui de se recentrer sur soi dans l'intériorité, celui de se décentrer de soi dans la relation à l'autre, celui de se « surcentrer » pour situer sa vie dans un au-delà plus large. Se recentrer sur soi nous apparaît bien nécessaire quand nous sommes pris par tant d'activités qui nous dispersent et quand nous avons du mal à trouver la cohérence de notre existence. Il s'agit d'exister comme sujet et de ne pas se diluer dans un grand tourbillon et une agitation sans but. Nous sommes alors à la recherche de nos racines profondes, de l'intériorité, du silence qui permet de se recueillir au sens fort de ce terme. Le travail quotidien bien fait, qu'il soit manuel, intellectuel ou artistique, participe de ce recentrement pour se trouver soi-même.

Le deuxième mouvement est celui du « décentrement » dans la relation à l'autre, aux autres, dans la relation d'échange, de travail, d'amitié et d'amour. Non pas réduire l'autre en le dominant ou en cherchant un amour possessif, mais vivre un progrès technique ou éducatif par exemple, réalisé en interaction profonde avec d'autres, à partir du meilleur de chacun.

Enfin se « surcentrer » consiste à situer notre vie et nos

actions dans une visée collective plus large, par exemple situer notre entreprise ou notre université dans un mouvement de service de la société. Là, nos existences trouvent sens, vers plus d'amour en société, vers plus grand que soi, à l'appel de l'infini qui nous traverse. Les grandes religions et philosophies ont beaucoup à apporter en ce sens pourvu que leurs représentants acceptent d'entrer vraiment en dialogue avec la société.

Dans ce triple mouvement, chacun peut vérifier par moments que « l'homme passe infiniment l'homme » comme disait Blaise Pascal. Ces moments sont réjouissants, épanouissants, humanisants. Et quand on est « dedans », on ne voit plus le monde et les autres avec les mêmes yeux, on voit plus profond, moins en comparaison et plus en reconnaissance de la singularité de chaque homme, de chaque culture, de chaque religion. L'unité du genre humain n'est plus un mythe, en comprenant cette unité dans la rencontre des différences pour construire la « maison commune ». Nous avons aujourd'hui de multiples moyens de communication pour avancer dans ces perspectives, encore plus que du temps des humanistes comme Blondel, Teilhard et Mounier. Devant les grands défis éthiques d'aujourd'hui, n'y a-t-il pas urgence à renouer avec ces travaux interculturels et interreligieux pour trouver des bases communes, fondements d'une régulation techno-économique au niveau mondial ?

La force motrice de ce triple mouvement est celle de la bienveillance et de l'amour, qu'on peut écrire avec un grand A, qui est le nom de Dieu par excellence. C'est cet amour créateur qui s'expérimente dans la fraternité, notamment dans la rencontre vraie entre deux êtres, comme le disait Teilhard : « Le contact profond de deux êtres, centre à centre, vous disais-je (indépendamment de tout ce qu'ils peuvent se communiquer explicitement de pensées exprimées), n'est-ce pas l'opération la plus créatrice dans l'Univers qui nous entoure[1] ? » L'union devient créatrice au souffle de cet amour, comme des couples l'expérimentent, et comme de profondes relations d'amitié l'illustrent. On pourrait dire que cette vision est idéale. Sans aller jusqu'à l'amour et l'amitié ici évoqués, on peut souligner que l'expérience montre qu'une forme de fraternité peut se dessiner lorsque des chercheurs, ingénieurs, membres d'ONG et industriels font cause commune dans des opérations humanitaires nécessitant des moyens techniques, par exemple dans des pays pauvres subissant des sécheresses ou des séismes ravageurs. Sans angélisme, on peut faire le pari, avec Teilhard, que « quelque chose d'aimant constitue la nature la plus profonde de l'univers en expansion[2] ».

La vision de l'homme au sein de l'évolution cosmique de Teilhard rejoint les bases de la perspective de l'écologie intégrale du pape François qui parle d'une humanité intimement liée à la nature et responsable de la « maison commune ». Voilà une perspective large de l'avenir de l'homme qui situe aussi sa responsabilité, puisque, pour une part, l'immense

1. Lettre du 3 mars 1943, in Claude Rivière, *En Chine avec Teilhard. 1938-1944*, Seuil, 1968, p. 232.

2. Pierre Teilhard de Chardin, *Letters to Lucile Swan*, p. 4.

enfantement du monde à venir est entre ses mains. La place des technosciences dans cette aventure est aujourd'hui posée : leur usage favorisera-t-il l'union créatrice permettant cette croissance vers un plus de personnalisation et de socialisation, au service de l'accomplissement de l'humain et de toute l'humanité « corps-psychisme-esprit », en termes de liberté, de responsabilité, de solidarité ?

La « passion d'unir » pour construire un nouvel humanisme

L'interconnexion des consciences se poursuit au sein de la noosphère pour (presque) toute la planète, notamment à travers les milliers de smartphones dans le monde entier. Le développement prodigieux des sciences et technologies de l'information donne aujourd'hui mille et une possibilités de relations entre les humains, de partages de résultats de recherche, de discussions de ceux-ci, de travaux communs entre équipes, entre industriels, entre travailleurs sociaux, entre associations et entre pays. Il n'est pas exagéré de dire qu'un principe d'union, de connexion, de relation, est à la base du processus d'évolution. Les progrès techniques, la planétisation économique, la convergence Internet et les réseaux sociaux favorisent-ils une montée de conscience générale, une nouvelle fraternité et une plus grande union de l'humanité ? Il semble que ce soit possible, mais pas certain, comme le montre l'actualité.

En effet, dans le jeu des interactions au niveau de la planète, chacun sait que le progrès humain n'est pas automatique, que les relations et interconnexions peuvent produire le meilleur ou le pire, ou les deux en même temps. Nous retrouvons ici le dur combat du quotidien entre les forces qui construisent (union créatrice) et celles qui détruisent ou ramènent en arrière (forces de division, de rejet, d'exploitation de l'autre). Même avec la meilleure bonne volonté, le jeu des interactions ne produit pas forcément une montée de complexité-conscience, comme certains débats sur Internet nous le montrent. L'interview de Pierre Giorgini au chapitre 3 illustre bien ce combat à l'intérieur d'un monde relié, câblé et interconnecté (mode coopératif maillé) dans lequel l'homme est responsable d'utiliser les technosciences dans un sens humanisant, avec une économie collaborative, pour un véritable progrès « de personnalisation et de socialisation ». Pierre préconise notamment de favoriser les « tiers lieux » pour permettre aux différents acteurs engagés dans la construction de la société de voir autrement, d'imaginer l'avenir autrement, de sortir des logiques purement technocratiques comme le propose le pape François, avec une place majeure donnée à l'élaboration d'un nouvel humanisme et d'une nouvelle fraternité pour vivre au temps des technosciences.

Cette recherche suppose que chacun se laisse profondément transformer par « plus grand que lui », par la recherche du bien commun déjà, par cet amour que nous évoquions plus haut, qu'il le nomme Dieu ou autrement. Devant les défis de son temps, déjà Teilhard prévenait : « L'avenir de la terre pensante est organiquement lié au retournement des forces de haine en forces de charité...

Qu'en face de la passion de détruire, la passion d'unir s'allume en nous plus ardente[1]. » La « passion d'unir » (dans la différenciation, le mouvement et la dynamique d'interaction) est un élément capital sur le chemin de l'accomplissement de l'humanité dans l'évolution. La grandeur de l'action de l'homme apparaît quand elle est comme aimantée par la passion d'unir, permettant une socialisation où chacun devient de plus en plus lui-même, du plus petit au plus grand, où chaque culture et chaque pays est reconnu, où la personnalisation va de pair avec la planétisation, avec l'universel.

Je pense ici à toutes ces actions de rassemblement qui sont habitées par la passion d'unir et qui contribuent à façonner un nouvel humanisme pour aujourd'hui. Je pense ainsi aux rencontres et travaux communs entre des humanistes croyants et des humanistes athées au sein d'organismes comme l'UNESCO. Ces humanistes semblaient s'opposer au XXe siècle. Mais, en s'unissant, ils font vraiment avancer la construction commune de la société et tirent vers le haut l'ensemble des forces vives. Je le constate localement dans le cadre de la Métropole de Lyon dont le fort développement ne serait pas possible sans cette « alliance des consciences » pour le bien commun. Sans idéaliser ces initiatives, on peut constater qu'elles sont porteuses de sens et d'actions concrètes qui construisent le vivre-ensemble. Je pense aussi au dialogue interreligieux qui permet par

1. Pierre Teilhard de Chardin, *Œuvres complètes*, t. XII, *op. cit.*, p. 171.

exemple un meilleur vivre-ensemble dans des quartiers et maintenant dans certaines entreprises. Devant les redoutables effets de la radicalisation qui touche notamment le monde des jeunes, ces lieux de dialogue sont de précieux « tiers lieux » qui devraient prendre de plus en plus d'importance pour la construction de la paix civile et l'acculturation des travailleurs étrangers. Je salue ici les rassemblements d'Assise, avec la prière pour la paix autour des représentants de nombreuses religions et d'humanistes comme Julia Kristeva. Voilà qui nous donne goût à construire ensemble, dans le respect de ce que porte chaque groupe ou religion.

Je pense également aux femmes et aux hommes qui établissent des ponts entre l'Orient et l'Occident : François Cheng déjà cité, Claire Ly[1] et François Jullien[2] en France par exemple. Les Occidentaux ont besoin de découvrir la profondeur des manières de penser et d'agir inscrites dans les grandes traditions de notre humanité, notamment celles venant de l'Asie. Cet effort d'ouverture à l'altérité est capital pour tracer la voie d'un nouvel humanisme pour notre temps. Il y a déjà plus de cent ans, Charles de Foucauld, apprenant à vivre dans le milieu des Touareg, a vécu cette relation à l'autre très différent. À tel point qu'il établit le premier dictionnaire français-touareg, ce qui suppose une belle capacité à entrer dans les façons de penser et de vivre de toute une population. Quand le travail scientifique est marqué du sceau de la relation vraie, il devient encore plus productif !

1. Claire Ly, *Revenue de l'enfer*, Éd. de l'Atelier, 2002.
2. François Jullien, *Vivre en existant*, Gallimard, 2016.

Je pense aussi à ce que nous avons évoqué à propos de l'union des contraires. Le contraire d'une vérité profonde peut être une autre vérité profonde ! Travailler à l'union des contraires, ce n'est pas chercher un vague compromis entre deux vérités expérimentalement vérifiées. Quand la passion d'unir permet à des chercheurs porteurs de vérités contraires de tenir ensemble ces vérités sans vouloir les réduire l'une à l'autre, c'est toute une ouverture commune sur le fond des choses inatteignable par la seule raison qui s'opère et qui rassemble les acteurs. Quelle ouverture pour l'intelligence collective et l'apprentissage du respect des différences que de travailler ces perspectives, avec discernement. Cela demande beaucoup de temps, d'humilité et de travail pour entrer dans une véritable pensée ternaire, du « et… et » qui, sans sombrer dans le relativisme, peut aller tellement plus « en avant » que la pensée binaire exclusive. Il y a là aussi une union créatrice qui n'a pas fini de féconder nos recherches de sens.

Le rôle des lycées et des universités dans l'éducation à cette « passion d'unir » est essentiel et résonne comme un appel et un défi. La bonne volonté et l'optimisme ne suffisent pas. Il faut une véritable éducation au sens du bien commun, fondée sur les grands enjeux d'aujourd'hui, comme l'écologie intégrale. Une recherche inter- et transdisciplinaire faisant travailler ensemble des représentants des sciences dures et des sciences humaines et sociales venant des cinq continents est nécessaire. Des formations nouvelles peuvent émerger, bénéficiant de cette recherche et permettant à des étudiants du monde entier, présents dans nos universités, de coconstruire leur savoir, leur savoir-faire et leur savoir-être à l'aune de ce nouvel humanisme que nous appelons de nos vœux dans ces pages.

La place de l'interculturel et de l'interreligieux dans ces approches d'un nouvel humanisme est capitale ; elle nécessite le travail commun de philosophes et de théologiens des différentes religions ayant une orientation forte pour le dialogue avec la société. Des centres de recherche capables de faire interagir des chercheurs universitaires de tous continents avec des dirigeants, entrepreneurs, représentants d'ONG, de syndicats professionnels et d'associations, pourraient devenir ces « tiers lieux » où se partagent les innovations technologiques et économiques, où se débattent les grandes questions d'éthique liées à ces innovations. L'idée de *crowd'ethics* développée au chapitre 5 pourrait être mise en œuvre à partir des universités pour une véritable consultation des citoyens.

Les exemples de « philosophes embarqués » dans des consortiums de recherche sur les technosciences et leurs applications sont aussi prometteurs en termes d'éthique en coconstruction, comme nous l'avons évoqué. Ils s'inscrivent dans le cadre de recherches de plusieurs années pour lesquelles l'aspect éthique est pris en compte en même temps que la recherche technologique. Ils permettent ainsi de former des scientifiques à l'éthique in situ ! Car la formation en éthique des scientifiques est un véritable enjeu aujourd'hui. Tant que l'écart entre connaissances scientifiques, potentialités technologiques et prise en compte d'une véritable recherche en éthique reste trop important, il est à craindre que l'éthique soit le dernier souci ou reste au stade d'alibi. Le catastrophisme éclairé d'un Jean-Pierre Dupuy[1] est une réaction saine à cet « endormissement éthique » !

Une formation poussée en éthique des scientifiques et des différents acteurs directs des technologies est aujourd'hui incontournable, mais loin d'être effective. Au niveau universitaire et dans les écoles d'ingénieurs, ces formations sont encore rares, facultatives et peu étendues. On considère encore largement l'éthique comme de l'ordre des convictions personnelles et pas vraiment comme une science humaine qui nécessite une formation adéquate. Le développement, en université, de licences et de masters croisant « sciences et humanités » permettra, je pense, à une nouvelle génération de scientifiques de s'approprier les questions éthiques. Ces formations s'appuieront sur des bases anthropologiques solides apportées par les philosophes et autres chercheurs en sciences humaines et sociales, croisant leurs recherches avec les neurosciences par exemple. Il y a ici un défi à relever pour une véritable « anthropologie au temps des technosciences », comme nous tentons de le faire dans cet ouvrage. Les universités catholiques sont particulièrement bien situées dans ce concert, notamment si elles mettent à disposition, de façon ouverte, les trésors anthropologiques de la tradition chrétienne en Europe et dans le monde, en dialogue avec les cultures contemporaines et les recherches humanistes d'autres religions ou celles qui sont

1. Jean-Pierre Dupuy, *Pour un catastrophisme éclairé. Quand l'impossible est certain*, Seuil, 2004.

ne sont pas liées à une religion. Elles pourraient aussi permettre un dialogue interreligieux par interactions de spécialistes d'éthique dans les grandes religions, au niveau mondial. Les réseaux internationaux de la Fédération des universités catholiques d'Europe et de la Fédération internationale des universités catholiques, répartis dans les cinq continents, pourraient servir de catalyseurs sur ce thème.

Bâtir des formations qui conjuguent le technique, l'économique, le social et l'environnemental constitue ainsi le cœur d'un magnifique projet universitaire en réseau international, avec un sens inédit de la performance qui ne s'abrite pas uniquement derrière les résultats financiers mais intègre la responsabilité sociale de l'entreprise et le sens des « richesses partagées », y compris pour prendre soin des plus vulnérables. Il s'agit d'un beau défi à relever avec humilité et compétence, d'un éveil éducatif à promouvoir pour que les futurs responsables de la société aient de solides bases humaines, qu'ils soient ouverts à la nouveauté sans trop de préjugés ni de naïveté, qu'ils soient à l'écoute des grandes sagesses de l'histoire de l'humanité et qu'ils apprennent à apporter leur propre contribution dans un engagement responsable et porteur d'espérance ! Devant le désarroi actuel face aux crises financières, sociales et de sens, de telles perspectives, vécues dans le cadre d'un enseignement fortement adossé à une recherche de pointe et en étroite liaison avec le monde socio-économique, sont porteuses d'espérance.

Pour conclure : favoriser la grandeur de l'humain

Certaines formes d'anthropocentrisme ont pu conduire l'homme à devenir un prédateur de la nature. Pour autant, la vision réductrice de l'homme-machine ou de l'homme augmenté par les seules technologies peut nous faire oublier ce qui fait la « grandeur de l'homme ». C'est celle-ci qu'il faut favoriser au temps de l'homme augmenté ! À l'heure où les technosciences modifient déjà notre présent et promettent de bouleverser notre avenir, l'homme prend conscience, devant les grands enjeux comme ceux de l'écologie, que « tout est lié ». Les questions cruciales de l'environnement recoupent les questions techno-économiques et les questions sociales. Pour répondre à l'urgence de réguler, au niveau national et mondial, les interactions entre ces domaines très liés, l'humanité est convoquée à se recentrer sur les valeurs essentielles qui la constituent depuis son émergence dans l'histoire de l'évolution. Notamment sa prodigieuse capacité de s'adapter à des situations nouvelles et de rebondir devant les défis, les échecs et les dangers.

Nous avons montré en ce sens que le propre du vivant est d'être vulnérable, avec une capacité d'adaptation à l'environnement : ces deux propriétés culminent chez l'homme. La reconnaissance de cette vulnérabilité, qui se différencie de la fragilité et qui est liée à la plasticité du vivant, se manifeste depuis peu aux yeux des biologistes dans un équilibre dynamique avec la robustesse : cette mise en évidence est un événement en soi. Elle est cependant travaillée depuis déjà longtemps par les sciences humaines et sociales comme une clé de la croissance de l'humain. Le biologiste et le neuroscientifique y voient de prodigieuses capacités d'évolution et d'apprentissage, le psychologue des capacités de traverser des échecs, de mûrir et de rebondir, le philosophe des capacités d'empathie, de rapprochement et de solidarité entre humains différents. Là aussi se disent des éléments clés de la grandeur de l'homme.

Nous avons proposé que « l'humain vulnérable » soit la pierre d'angle de l'éthique des technosciences aujourd'hui. Si cet humain est, de plus, « fragilisé » par la maladie, le handicap ou une situation sociale difficile, son équilibre entre vulnérabilité et robustesse est encore plus menacé : il doit être mis à la première place de ceux dont il faut prendre soin. Je pense à ce jeune paraplégique dont j'ai parlé au chapitre 1 et qui, grâce à des puces électroniques, peut maintenant commander un bras artificiel pour réapprendre à manger tout seul. Un « plus » dans le pouvoir d'être soi, assurément, pour retrouver confiance, une nouvelle autonomie et le goût de vivre par exemple !

Je rêve que la croissance de la personne vulnérable dans sa dynamique d'interaction « corps-psychisme-esprit », en relation avec son environnement, devienne l'objectif principal des technoscientifiques et des entrepreneurs qui utilisent leurs travaux. De nouvelles formes d'innovations croisant technosciences, psychologie et spiritualité donneraient d'autres figures de l'homme augmenté, beaucoup plus « humanisantes » que celles du transhumanisme. La médecine personnalisée ne serait probablement pas traitée essentiellement en termes de gestion du *big data* mais celui-ci serait davantage intégré dans une vision équilibrée de la personne humaine tripartite, comme a si bien su le faire le personnel des soins palliatifs. Et le pouvoir économico-politique imaginerait peut-être de nouvelles pistes d'économie sociale et solidaire pour que l'accès aux technosciences ne soit pas réservé à quelques-uns. Utopie totale ou sagesse respectant profondément le vivant, l'humain en particulier ?

La question de la violence de l'homme (et en l'homme), si visible dans l'histoire passée comme dans l'actualité récente, est souvent revenue au cours de notre recherche. Elle ne doit pas être oubliée devant les prétentions des technosciences d'aujourd'hui et de demain. L'esprit de « toute-puissance technologique » que la presse relaie bien souvent, et que certains technoscientifiques amplifient, rend nécessaires de véritables régulations à l'échelle mondiale qui permettent d'y « mettre des limites ». Ces limites ne sont pas destinées à freiner le développement des technosciences mais au contraire à les promouvoir comme un service réel et performant de l'humanité. Il y va aussi de la grandeur de l'homme d'être capable de réguler sa violence, aussi bien au niveau personnel qu'au niveau social et environnemental. La liberté de l'homme est qu'il puisse continuer de « dépasser ses limites », mais la perspective d'un « *no limit* » favorise l'individualisme, le corporatisme et, finalement, la toute-puissance, la domination et la violence. Au contraire, nous avons souligné qu'entrer dans une recherche de bien commun et discerner en conséquence constitue un élément de la grandeur de l'homme responsable qui pose des choix dont certains peuvent limiter sa toute-puissance, au nom même de la liberté et du respect de tout vivant et de la nature à laquelle il est lié.

Nous sommes revenus à plusieurs reprises sur l'importance du « pouvoir d'être soi », critère proposé par le philosophe Habermas en éthique des technologies afin d'éviter toute chosification de l'humain. Sur le chemin de l'accomplissement humain, nous avons élargi ce critère à la croissance du soi dans l'évolution dynamique corps-psychisme-esprit, sans pour autant négliger l'apport des technosciences à l'amélioration des conditions d'existence. Cette croissance n'est pas linéaire, elle tient compte des ambiguïtés de tout être humain, de sa singularité, irréductible à des généralités scientifiques. Elle est faite d'apprentissages, d'obstacles surmontés, d'échecs traversés, de victoires remportées en termes de réalisations techniques et économiques mais aussi d'interculturalité et de solidarité, portées par une passion d'unir. Elle s'ouvre à la dimension spirituelle en lien avec le biologique et le psychique, à partir notamment de cette insatisfaction radicale de l'homme en quête d'absolu et de lui-même. Elle prend en compte l'héritage des sagesses des grandes traditions religieuses, elle favorise la quête du « plus grand que soi », que certains appellent la « source de vie », à partir de la « source intérieure » qui jaillit en chacun. Cette croissance allie personnalisation et socialisation. Elle se situe au sein d'une noosphère en cours de construction grâce aux multiples interconnexions que les techniques permettent aujourd'hui, mais aussi grâce aux approches humanistes et interreligieuses si nécessaires pour le bien commun de l'humanité devant ses défis d'avenir. « Être plus » ne se confond ni avec « avoir plus », ni avec les seules capacités de l'homme-machine ou du cyborg.

Les technosciences peuvent apporter un concours significatif pour prendre soin de l'homme « corps-psychisme-esprit », afin que tout être humain puisse expérimenter combien « l'homme passe infiniment l'homme ». Là réside sa véritable « augmentation » et là est la source de son accomplissement.

Table

DU MÊME AUTEUR

Quel Dieu pour un monde scientifique ?, Nouvelle Cité, 1993

Entre science et religion, Le Rocher, 1998

Paraboles scientifiques, Nouvelle Cité, 2000

Prêtre diocésain, une vocation et un métier d'avenir, Nouvelle Cité, 2003

Devenir soi à la lumière de la science et de la Bible, Presses de la Renaissance, 2004

Rencontre d'Infinis, prières d'un prêtre scientifique, Aubin Éditeur, 2007

Écologie et Économies en crise, qu'en disent les religions, sous la direction de T. Magnin, L'Harmattan, 2011

L'Expérience de l'incomplétude, Lethielleux/Desclée de Brouwer, 2011

Quelques grands débats en éthique aujourd'hui, sous la direction de T. Magnin et V. Grégoire-Delory, L'Harmattan, 2012

Les Nouvelles Biotechnologies en questions, Salvator, 2013

Éthique des technologies du vivant, sous la direction de T. Magnin et P. Monsan, Vrin, 2014

Le Scientifique et le théologien en quête d'Origine. L'expérience de l'incomplétude, Desclée de Brouwer, 2015

Composition : IGS-CP
Impression : CPI Bussière en mars 2017
Éditions Albin Michel
22, rue Huyghens, 75014 Paris
www.albin-michel.fr
ISBN : 978-2-226-32659-1
N° d'édition : 22439/01 – N° d'impression : 2024845
Dépôt légal : avril 2017
Imprimé en France